선원일기

선원일기

지범

화두 하나로 죽고사는
선사들의 수행 이야기

머리말

머리 위의 달력을 보니 정유년이 서산에 걸쳐 있고 문틈 사이로 영축산 계곡에서 불어오는 차가운 솔바람 소리는 매서운 겨울을 실감케 한다.

새벽 5시 방선 후 책상에 앉아 지난 60년의 삶과 중노릇을 뒤돌아보았다. 죽을 고비도 여러 번 넘겼고 40여 년 가까이 대중에 살면서 좌복에 앉아 화두와 싸우고 있는 지금 정말 멋있는 인생이 아닌가 하는 생각이 든다.

나는 일찍이 고 3때 고향 근처 암자에 계시는 노스님께 화두를 받았다. 출가해서는 월명암에서 월인스님, 망월사에서 무여스님, 봉암사에서 서암스님을 만나 올바른 중노릇과 공부 지어가는 방법을 자상하게 배웠다. 특히 해인사 선원에서 성철, 혜암, 일타, 법전선사를 한꺼번에 친견하고 많은 법문을 듣고 실참했다.

돌이켜보면 나의 20대 때 공부는 신심과 열정은 있었어도 자세하고 섬세하지 못해 늘 들뜨고 자리를 못 잡았다. 방황도 많이 했고 객기도 많이 부리면서 때론 손가락질도 받았다.

부산에서 과로로 인해 쓰러진 후 고운사 100일 용맹정진에서 공부의 기틀을 잡았고, 대자암 무문관, 백담사 무문관, 진귀암 무문관에서 낮에는 좌복에서 애를 쓰고 밤에는 전강노사의 법문을 들으면서 화두를 점검하는 참으로 수좌로서 호시절이었다.

그 이후 공부는 안정되어갔고 몸과 마음도 편해졌다. 오직 이 일만이 수좌가 갈 길이라는 확신이 들었고 해낼 수 있다는 자신감도 생겼다. 결국 간화선이 문제가 아니라 공부하는 납자가 선지식을 확실하게 믿고 탁마를 받으면서 신심과 자비심, 보살심으로 화두공부를 이어간다면 눈밝은 선지식이 나오지 않을까 하는 생각이 든다.

나는 쓰러지고 넘어질 때는 으레 좌복에서 승부를 걸면서 몸을 던졌다. 그 때는 간절했기 때문에 화두가 들렸고, 간절했기 때문에 하심이 되고 불보살의 가피가 있었지 않았나 싶다.

이 공부는 간절해야 하고 하심하지 않으면 이어갈 수 없다. 공부에 조금만 틈이 있으면 마가 찾아온다. 금생 안 난 셈치고 공부하라고 옛 조사들은 누누이 강조했다. 내 경험으로는 화두가 안 될 때는 부처님전에서 절을 하면서 공부하는 방법도 좋다고 생각한다. 나는 무문관에서 절을 참 많이 했고 지금도 매일 5백배를 하면서 화두를 드는데 신심도 나고 하심 되면서 건강에 많은 도움이 되고 있어 권하고 싶다.

이 책 제목을 '선원일기'라고 했다. 선원에서 무슨 공부를 하느냐고 묻는다면 당연히 '화두' 공부다. 화두는 쓰러져가는 나를 살렸고, 방황하는 나를 살렸고, 죽고 싶은 나를 살렸기 때문이다. 그 화두가 필경에는 생사가 없는 부처님을 출현시킨다고 확신하기 때문이다.

정유년이 다 가고 무술년이 밝아 왔다. 내 인생도 얼마나 남았을지 예단할 수 없다. 언젠가 도솔암에 있을 때 어머님이 찾아와서 하신 말씀이 지금도 가슴에 꽂혀 있다.

"스님, 이왕 출가했으니 서산스님 같은 도인이 되세요."

어머님 소망처럼 서산스님 같은 큰 도인은 못 되어도 힘없고 나이 드신 노스님 그리고 갈 곳 없는 선사들을 모시면서 '그 스님 좌복에서 공부하다 좌복에서 죽었다'는 소리는 듣고 싶다.

그동안 살아오면서 여러 사람의 은혜를 입고 살았습니다. 주지에게 결제 가라고 밀어내는 우리 보문사 가족들과 신도회장 금강심보살님, 이창수 거사님 부부, 김몽용 거사님께 감사드리며 사유수출판사 이미현 대표에게도 고마움을 전합니다.

이 책은 나의 수행일기입니다. 혹시 이 글에서 불편하거나 잘못된 부분이 있다면 모두 내 허물입니다. 제방 선사들의 경책과 죽비를 기다리겠습니다.

무술년 1월 영축산 통도사 보광전에서 지범

차 례

3부 선원을 지켜온 수좌들

1

백련사
각화사
월명암
쌍계사

칠불사
동화사
태안사
봉암사
해인사
망월사
대자암
진귀암

대흥사
고운사
실상사
신흥사

참당암
화엄사

선원의 추억

나는 쓰러지고
넘어질 때는 으레
좌복에서 승부를
걸면서 몸을 던졌다.

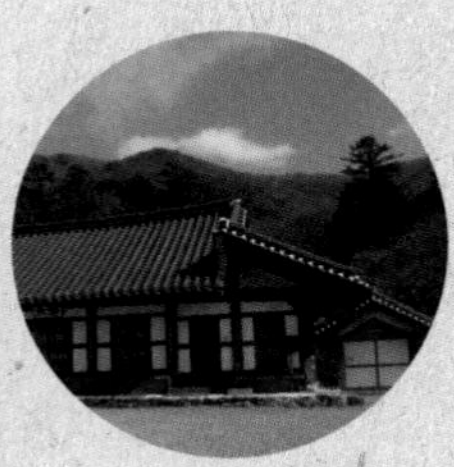

남도의 아름다운 절
백련사

1984년 봄날이다. 봉암사에서 함께 용맹정진했던 보선스님이 강진 백련사 주지를 맡아 선원을 운영한다는 소식을 듣고 마음이 설레기 시작했다. 다시 한번 모시고 공부하고 싶던 스님이라 만행을 멈추고 곧장 강진행 직행버스를 타고 내려갔다.

다시 완행버스에 몸을 싣고 만덕리 백련사 입구에 내려 30여 분을 걸어 올라가니 대나무숲 사이로 동백이 만개하고 노을진 강진만이 그림처럼 다가왔다.

선원 객실에 걸망을 풀고 보선스님을 찾아갔다. 스님은 반갑게 맞이해 주시면서 찻잔을 건넸다. 백련사에는 돈수스님과 현웅스님, 월명암에서 모셨던 명문스님, 선견스님 등이 정진하고 계셨고, 동백숲 토굴에서 정진하던 학산노사가 큰 절에 내려와 공양하시면서 젊은 수좌들을 이끌고 계셨다. 새벽과 오전 정진은 큰방에서 대중과 함께 했고 오후 시간에는 동중공부와 산행으로 보냈다.

봄날의 백련사는 남도의 정취가 물씬 풍기는 아름다운 절이다. 대나무 숲 사이로 작설이 피어오르고 동백꽃이 만개해서 도량 곳곳이 동백향으로 물들었다. 저녁 노을이 깔린 강진만은 이따금씩 고깃배가 지나가고 남도의 섬들은 그윽하고 정취가 있었다.

달이 뜨고 송죽 사이로 맑고 시원한 바람이 불어오면 누각에 앉아 좌복에서 뜬 눈으로 밤을 지새우곤 했다. 절은 가난하고 청빈했지만 공양이 풍성하고 맛이 있어 늘 공양시간이 기다려졌다. 발우대에 밥을 가득 담아 죽순나물, 상치, 쑥갓, 고수나물들을 푸짐하게 얹어 먹었는데도 늘 허기가 졌다.

간간이 돈수스님 방에 가서 차도 마시고 공부이야기를 듣고 있노라면 시간가는 줄 몰랐다. 학산노사 토굴에 들르면 스님은 중노릇하는 법, 공부하는 법을 고구정녕하게 가르쳐주셨고 늘 "수좌는 청빈하고 담백하게 살아야 한다."고 일러주셨다.

당시 내 나이 20대였고 신심이 충만해 좌복을 떠나지 않았던 시절이다. 낮에는 동중공부를 하면서 매일 다산초당과 만덕산을 누비면서 화두를 점검했고 밤에는 만세루 누각에서 용맹정진으로 밤을 지새웠던 만덕산 백련사는 젊은 날의 신심과 낭만이 어우러진 아름다운 절로 남아 있다.

태백산 각화사의 여름

내가 각별히 좋아하는 도량이 있다. 백담사와 각화사이다. 설악산 백담사는 계곡과 산세가 뛰어나고 특히 겨울이면 눈이 많아 천지가 적막강산이 되어 더욱 좋다. 태백산 각화사는 산세도 좋거니와 주변에 수행하기 좋은 암자와 토굴이 있어 애써 공부하는 구참 수좌들이 많다.

각화사와의 인연은 꽤 오래 되었다. 현장스님이 주지로 계시고 지금 제주도 자성원 범현스님이 살림을 맡고 있을 때 만행 중에 발걸음을 멈추고 좋은 도반들과 함께 한 여름을 보냈다. 이어 90년대 중반 정진스님이 주지로 계실 때는 내가 죽비를 잡고 여름을 지냈다.

당시 동암에는 자경스님, 서암에는 고우스님, 북암에는 철인스님, 남암에는 초삼 노스님 그리고 큰방에 인성스님, 효담스님, 청호스님 등이 살았고 후원에는 용주사 지게스님이 계셨다. 정진 분위기도 좋았지만 주변 암자에 이러한 스님들이 계셔서 항상 공부를 탁마 받을 수 있었다.

고우스님은 매일 서장과 선요로 소참법문을 해주었고, 초삼노스님은 옛이야기와 중노릇 하는 법, 공부 지어가는 법을 자세히 전해 주었고, 철인스님은 어록과 경전에 밝아 옛 조사들의 이야기를 재미있고 생동감 있게 들려 주셨다. 자경스님은 일종식과 묵언으로 공부하고 계셔서 그 자체로 대중들에게 감화를 주었다.

지금 해인사 선원장으로 있는 효담스님은 당시 젊었지만 생각이 깊고 보살심이 수승해 정진 분위기를 이끌었다. 주지인 정진스님은 하심과 자비심으로 대중외호가 깍듯하여 칭송을 받았다. 후원의 지게스님(보덕스님)은 소리 없이 땔감을 하면서 후원 일을 도맡아 했다. 돌아보면 이런 대중을 만나 살던 수좌시절이 호시절이었다.

9시 저녁방선 후에는 매일 마을 입구까지 포행했다. 여름이지만 태백산의 밤공기는 차가웠고 물소리는 양쪽 계곡에서 들려왔다. 동암의 달이 떠오르고 소쩍새가 울어대면 각화사의 여름밤은 고요하면서도 정진열기로 가득 찼다. 전생에 무슨 복을 지어서 이런 도량에 살고 이런 대중을 만났을까, 금생에 일대사를 꼭 해결하리라 다짐하면서 청춘을 던졌던 것 같다. 태백산 각화사는 예나 지금이나 수행자의 산실이요 선사들의 마음의 고향이다.

월명암의
겨울 달밤

1979년 범어사에서 수계를 받고 우화 노스님이 계셨던 나주 다보사에 머물고 있을 때였다. 1980년 가을 30대 후반의 선사가 객으로 오셨는데 얼굴은 희고 눈에서 광채가 흘렀다. 스님은 법명이 현산이라 했다. 지금 부안 월명암에 살고 있는데 월인노사를 모시고 지낸다고 하면서 함께 살자고 했다.

그 때는 막 계를 받고 강원에 갈까 선방에 갈까 망설이고 있던 터라 가을밤을 뜬 눈으로 고민했다. 그런데 마음속에서 그 맑은 객스님이 계속 생각 나고 잊혀지지 않았다. 결제는 다가오고 마음은 급했다. 나한전에 가서 일주일 동안 기도를 한 다음 드디어 월명암에 가서 첫 철을 지내기로 결정했다.

다음 날 걸망을 싸가지고 내소사를 거쳐 직소폭포를 지나 월명암에 올라갔다. 대중들은 장작 울력을 하고 있었다. 키가 작고 목소리 큰 젊은 스님이 반갑게 걸망을 받아주면서 객실로 안내했다. 긴장이 되고 마음이 설레었다. 저녁이 되어 월인 노스님께 인사를 드리고 대중 스님들과도 인사를 나누었다.

선방의 모든 것이 생소하고 어리둥절했다. 아직 가사도 제대로 못 입고 발우공양도 여법하게 못해 늘 대중의 눈치를 보았다. 방에 불 때는 화대 소임을 맡아 보면서 12시간 정진하는 것이 힘들고 고달팠다. 그 때 객실로 나를 안내한 스님이 얼마 전 열반하신 종표스님이고, 대중 속에는 원인스님, 명문스님, 철호스님, 원요스님, 현산스님 등이 계셨다.

안거 중에 나무가 떨어지면 대중 울력으로 눈 속에서 감나무를 베어 땔감으로 썼다. 모든 대중이 보살심으로 화합했고 월인노사의 소참법문을 들으면서 12시간 정진으로 겨울밤을 지새웠다. 몸도 힘들고 특히 다리가 아파 견디기 어려웠으나 그나마 화대를 맡아 30분 정도 일찍 나와 다행이었다.

정진할 때 월인노사는 좌복에서 미동도 하지 않고 선방 분위기를 이끌었다. 정진 중에는 칼날처럼 대중을 몰아 붙이는 스님을 대중스님들은 존경하고 따랐다.

그 해 월명암은 겨울 내내 눈이 왔고 날씨는 몹시 추웠다.

몸도 아프고 마음도 고달파 하산하고 싶은 생각이 매순간 밀려 왔다. 그 때마다 종표스님과 원인스님 등이 햇중인 나를 위로해주고 적절한 법문으로 마음을 편하게 해주었다. 간혹 부안이나 진주에서 대중공양이 오면 변산까지 가서 쌀과 공양물을 지게에 지고 올라와서도 자유정진 한 번 없이 바로 좌복에 앉았다. 저녁 방선 후에도 좌복을 떠나지 않는 수좌가 대부분이고 이따금 눈 속에 겨울 달빛을 벗 삼아 포행하는 선사도 있었다.

날은 춥고 바람 불고 매일 눈 내렸던 변산 월명암은 추억도 많고 힘도 들었지만 그것이 인연 되어 40년이 흐른 지금도 내가 선원에 있지 않나 싶다.

좌복을 떠나지 않았던 쌍계사 선원

나는 지리산 쌍계사를 참 좋아한다. 가까운 도반 원정스님, 상묵스님, 지웅스님도 계시고 보리암 능원스님도 내가 좋아하는 스님이다. 그리고 방장이신 고산스님도 존경하는 어른스님이다.

쌍계사는 언제 가도 편안하고 봄날의 정취와 꽃향기가 피어나는 멋진 도량이다. 특히 어느 여름날 삼복더위와 맞서 치열하게 공부했던 동방장, 서방장 선원이 있어 더 정이 가고 추억이 많다.

1989년 여름 안거가 시작되었다. 그때 입승 스님은 금송스님이고 지근스님, 관명스님, 중암스님, 강봉스님도 함께 결제를 했었다. 나는 그 때 참 별나게 살았고 치열하고 신심있게 살았던 것 같다. 오후불식을 하면서 지대방에 한 철 내내 가지도 않고 대중과는 어울리지 않으면서 묵언을 하며 좌복을 떠나지 않고 이를 물고 물면서 화두를 드니 몸이 몹시 피곤하고 힘들었다.

하지만 점차 공부가 편안해지고 반 철이 지나니 몸도 마음도 가벼워졌다. 다른 대중은 무덥다고 하는데 몸에서 시원한 바람이 불고 오히려 삼복 더위 속에서도 상쾌했다. 밤에도 남몰래 방을 빠져 나와 서방장 선원에서 좌복을 지키는데 조금도 힘들거나 외롭지 않고 환희심이 났다. 도반이나 반연 있는 단월이 찾아와도 문을 닫고 만나지 않고 정진했다.

당시를 회상하면 참 많이 애쓰고 살았던 시절 같다. 무상하지 않고 발심하지 않으면 이 공부를 이어갈 수가 없다. 선사는 무상을 느끼고 항상 새롭게 발심해서 좌복을 떠나지 않고 꾸준히 화두를 물고 늘어져야 한다. 좌복을 떠나 선을 말하는 것은 언어도단이다.

그 때 쌍계사 선원에서 함께 공부한 도반, 선후배 스님들께 정말 감사드린다. 그 분들의 이해와 도움이 있었기에 정진을 잘 할 수 있었다.

수행자로 거듭난 칠불사 선원

몇 철을 쌍계사 선원에서 지내다가 1987년 칠불사 선원에 방부가 되었다는 소식을 듣고 올라갔다. 봄날의 칠불사는 아직도 불사가 한창이었고 정진 분위기는 뜨거웠다. 해제철인데도 아자방과 운상선원에는 선객들이 많았다. 지대방에 가니 현묵스님이 계셨고 혜산스님 등도 보였다.

그 해 여름 개원한 운상선원은 도량이 시원하고 수승해 살맛이 났다. 매일 일종식과 절을 하면서 좌복에서 12시간 이상을 버티고 살았다. 새벽 정진이 끝나면 거의 모든 대중이 법당이나 문수전에 가서 절을 했다. 저녁 방선 후에도 몇몇 스님들은 늦게까지 절을 했고 그 중에서도 일화선사는 밤 12시까지 절을 했다.

언젠가 달밤에 절을 마치고 살며시 큰방에 들어가니 대다수 대중이 좌복에 앉아 정진하고 있었다. 달빛 속에서 그 모습을 보니 절로 신심이 났고 나만 애써 공부하고 있는 것이 아니라 전 대중이 치열하게 정진하고 있음을 실감했다.

아직 젊고 몸이 한창 때인지라 일종식으로 버티며 좌복을 지키는 것이 쉽지 않았다. 늘 코피가 터지고 좌복에 앉으면 졸면서 거꾸러지기 일쑤였다. 그럴 때마다 홀로 묵언정진하는 현묵스님을 보고 있으면 없던 힘도 솟고 정신이 번쩍 들었다. 현묵스님은 묵언의 자비심으로 힘들어 하는 나를 위로하고 응원했다.

그 해 여름은 무척 덥고 뜨거웠다. 그런데 수행이 깊어질수록 몸에서는 시원한 바람이 불고 어떤 때는 화두가 순일하여 앉아 있는 것이 가볍고 시간 가는 줄 몰랐다. 거칠고 날카로운 기운은 점점 사라지고 나와 대중이 둘이 아니고 하나라는 생각이 확연히 들었다. 배는 고프고 몸은 고달팠지만 법당에서 절을 하고 나오면 오히려 힘이 생기고 좌복에 앉아 있는 것이 많이 편해졌다. 대중의 정진 열기가 뜨거웠기에 모든 어려움을 극복하고 살 수 있었다.

칠불선원에 살면서 몸과 마음에 많은 변화가 왔다. 거칠고 도전적이었던 성격이 많이 부드러워졌고 전보다 자비심이 생겼다. 지금도 가까운 스님들이 "지범스님은 칠불사가 사람 만들었다."고 이야기한다. 공감한다.

칠불선원은 나를 사람으로 만들고 수행자로서 거듭나게 했다. 이 때 좋은 도반도 만났고 좋은 인연도 만났다. 당시 나를 이끌어 주신 통광스님과 현묵스님, 도반들이 그리워진다.

해제가 되면 꽃피는 봄날
전라선 열차에 화두를 싣고
젊은 날 몸을 던졌던 칠불사에 날아가고 싶다.

잊지 못할 동화사 금당선원

1996년 가을, 동화사에서 가을 산철 방부를 받는다는 소식을 도반으로부터 들었다. 부랴부랴 짐을 챙겨 금당선원에 도착하니 평소 아는 스님들이 방부를 들이기 위해 여럿 모여 있었다. 지객스님이 방부 명단을 발표했고 나는 방부가 되어 그 곳에서 산철을 나게 되었다.

당시 선원장은 진허스님이고 정찬스님, 도오스님이 한주로 계셨다. 내가 입승을 맡아 죽비를 잡고 12시간 정진을 했다. 새벽 2시에 일어나 저녁 10시에 취침하는 가행정진이었다.

송풍이 간간이 불어오는 금당선원에서 28명의 수좌들은 서로 대좌하면서 자유정진 없이 밤낮으로 공부에 매진했다. 팔공산의 단풍과 뜰 앞에 떨어지는 국화꽃을 보면서 진제선사의 소참법문을 들었고, 아침저녁으로 장군죽비 경책도 달게 받으며 가을 산철을 멋지게 회향했다. 진허스님, 지용스님, 지홍스님, 서강스님, 강봉스님 등이 함께 철을 났다.

이어 동안거 때는 대진스님, 해운스님, 관성스님 등이 합류

하여 선원의 무게감을 더했다. 또다시 내가 입승 소임을 맡아 죽비를 잡고 가행정진을 했다. 동짓날 저녁과 산중법회와 산중공양 날을 제외하고는 자유정진 없이 밀어부쳤다. 포행은 큰방 마루에서 했고 좌복을 떠나지 않고 몇 시간이고 앉을 수 있어서 참 좋았다.

죽비를 치면서도 늘 간절히 화두를 들었고, 화두를 점검하고 또 점검했다. 젊은 스님들이 자유정진을 원해도 공부 잘하는 사람을 생각해 자비를 베풀지 못해 미안했다. 진제 조실스님은 대중이 지치거나 힘들 때면 직접 좌복에 앉거나 소참법문을 하셨고, 때로 장군죽비로 경책하면서 대중들의 신심을 돋우셨다. 구정에는 함께 윷놀이도 하고 암자에 들러 공양도 하면서 지친 몸을 추스렸다.

봄이 되고 들려오는 꽃소식과 함께 해제가 되어 팔공산과 작별하고 만행길에 나섰다. 선원에서 함께 소임을 본 남강스님, 진범스님 그리고 선원장 진허스님에게 고마움을 전한다.

구산선문 동리산
태안사 선원

내가 처음 태안사 선원에 살았던 시기는 1992년 동안거 때다. 그 무렵 불교계는 청화스님의 법력과 선풍이 절정을 이루던 시기였고, 당시 태안사 주지는 해인사에서 함께 지냈던 도일스님이었다.

선방에는 법웅스님이 입승을 보고 태욱스님이 한주로 계셨다. 나도 매일 일종식을 하면서 도반들과 함께 좌복에서 몸부림치고 살았다. 젊은 스님 두 분이 강원을 졸업하자마자 선방에 왔는데 효담스님과 지각스님이었다. 효담스님은 정진도 애를 썼지만 특히 요가에 관심이 깊어 한 철 만에 요가의 달인이 되었다. 또 명적암에는 정만스님이 3년 묵언정진을 하고 있었다.

당시 태안사 선원은 공부 분위기도 좋았지만 매달 정기법회 때 전국에서 600~700명의 불자가 모여들었다. 행자도 10명이 넘었고 후원에는 항상 신도가 넘쳤으며 천도재가 끊이지 않아 법당이 비어 있는 날이 없었다.

청화스님을 처음 친견한 곳은 곡성 태안사 계곡 옆 스님의 토굴이었다. 스님은 계곡 건너 토굴에 사시면서 신도와 스님들을 제접하셨는데 항상 상대방에게 경어를 쓰셨다. 누구에게나 맞절을 같이 하시면서 맑은 미소로 맞이했고 나갈 때는 문앞 대문까지 배웅하며 공손히 인사를 했다. 특별히 인연 있는 신도나 단월에게는 직접 편지를 써서 손수 부치시던 모습이 기억난다.

늘 일종식을 하셨고 소참법문이나 상단법문을 하실 때 몸은 미동도 하지 않으면서 맑은 미소와 부드러운 목소리로 간결한 법문을 하여 대중의 심금을 울렸다. 불자들 가운데 특히 지식인과 기업인들이 스님을 따르고 흠모해서 전국 어디서나 스님의 법회에는 종교를 떠나 많은 대중이 모였다. 스님 회상에서 많은 것을 보고 듣고 배웠는데 무엇보다 수행자의 귀감을 몸소 보여 주신 분이시다.

이후에도 나는 태안사 선원에서 두 철을 더 살았다. 신심이 나면 보통 큰방에서 새벽 3시에 앉아 오전 10시까지 일어나지 않고 좌복에서 화두에 몰입했다. 밤에는 몇몇 도반들과 함께 십 리나 되는 압록까지 포행을 하기도 했고, 또 어떤 날은 달빛 속에서 섬진강 강바람을 맞으며 화두를 들고 걷고 걸었다.

태안사 선원은 이 시대의 선지식 청화스님을 친견하고 가르침을 받았던 다시 올 수 없는 멋진 시절이었다.

선객들의 고향
봉암사 태고선원

희양산 봉암사는 예나 지금이나 신심 있고 원력이 큰 수좌들이 가장 좋아하는 도량이다. 한 생을 걸고 위법망구 정신으로 공부하는 선사들이 가장 많이 계시지 않나 생각한다. 나도 봉암사를 정말 좋아했고 여러 철을 해제결제 없이 살았다.

봉암사는 당대의 선지식인 성철스님, 향곡스님, 법전스님, 혜암스님 등이 거쳐 가셨고 그 후로도 많은 선사들이 살았다. 그 중 아마도 서암 조실스님이 가장 오래 주석하셨고 이 때 종립선원으로서의 명성을 크게 떨쳤다.

서암스님은 1983년도에 산문을 폐쇄하고 모든 불사를 주도하며 선원과 법당을 새로 짓고 많은 선객을 제접하셨다. 특히 원행 주지스님이 서암스님을 잘 보필하면서 깔끔한 수행도량을 만들었다. 스님이 봉암사 조실로 계실 때는 전국에서 신도들이 끝없이 모여들었다. 선객들도 가장 많이 살았고 치열하게 공부하던 시절이었다고 도반들도 말한다.

내가 처음 봉암사에 산 것은 1981년도 여름 안거 때이다. 그 때는 지금처럼 많은 대중이 살지 않고 30여 명 수좌들이 불사가 되지 않은 도량에서 소박하게 살았다. 그 때도 서암 조실스님이 계셨고 법연스님, 정광스님, 화광스님, 야성스님 등이 상주했으며 주지는 도범스님이 맡아 대중을 시봉했다. 당시에는 산문이 열려 관광객이 많았고 특히 여름에는 온 도량과 계곡이 피서객들로 가득 찼다.

1983년도에 수경스님, 명진스님 등의 주도 아래 전국에서 수좌들이 서명을 받아 어렵사리 산문이 폐쇄되었다. 더불어 공부 분위기는 최고조로 올라갔고 대중 수도 항상 100여 명이 넘었다. 이때 비로소 종립선원으로서의 기틀이 세워졌다.

도범스님, 원행스님, 동춘스님, 효광스님, 원타스님, 함현스님, 석곡스님 등이 잇달아 주지를 맡아 대중을 여법하게 외호하면서 불사를 했고 근년에는 적명선사가 수좌로 오셔서 선객들을 제접하고 있다.

근년에 봉암사에 원로선원을 개원하여 많은 구참 스님이 살고 계신다. 무문스님, 대성스님, 연관스님, 진허스님, 기현스님, 성주스님 등 수승한 스님들이 상주하면서 정진에 모범이 되고 있다.

희양산 봉암사는 누가 뭐라 해도 선사들의 마음의 고향이다. 지금도 문중관념 없이 사는 유일한 도량이다. 세상이 많이 변했어도 해제비와 수용에 관계없이 아직도 많은 선객들이 해제결제 없이 목숨을 던져 용맹정진하는 한국불교의 성지이다.

봉암사가 있어 나는 정말 든든하고 기분이 좋다. 먼 훗날에도 지금처럼 봉암사가 선사들의 고향으로 선객의 산실로 이어지리라고 굳게 믿는다.

전설 속에 사라진
해인사 선열당 선원

1980년대 초 해인사는 모든 면에서 대한민국 절집안을 주도했다. 특히 해인사 선원은 선사들이 치열하게 공부했던 곳이며 대중 숫자도 전국에서 제일 많았을 뿐만 아니라 당대의 기라성같은 선지식이 상주했던 선객들에게 가장 인기 있는 도량이었다. 그 때만 해도 해인사는 문중의식이 없고 모든 선사들이 주인의식을 갖고 살았던 선사들의 요람이었고 수용도 다른 제방에 비해 뛰어났다.

내가 처음 해인사 선열당 선원에 살 때는 1982년 여름 안거철이다. 당시 해인사는 성철스님이 방장으로 계셨고 지족암에 일타스님, 원당암에 혜암스님, 주지에 도견스님, 현호 노스님, 영월 노스님, 달산 노스님이 계셨고 이후 적명스님이 선원장을 맡았으며, 무여스님, 원융스님, 보광스님, 효광스님, 정도스님, 동호스님, 동철스님 등이 구참으로 계셨고 원타스님, 혜해스님, 우송스님, 관도스님, 종두스님 등 젊은 스님들이 해인사 선원에서 정진했다.

당시 해인사에는 3개의 선원이 있었다. 선열당 선원은 10시간 정진을 했고 퇴설당 선원은 하루 12시간씩 가행정진을 했다. 조사전 선원은 용맹정진을 했는데 지효선사께서 선원을 지키고 계셨다.

그 때만 해도 성철 방장스님이 선원에 자주 내려오셔서 죽비경책을 했다. 보름에 한 번씩 설파하는 상단법문과 소참법문은 대중을 압도하고 신심을 불러 일으켰다. 어떤 선객이 와서 법을 물어도 단번에 제압하고 병통을 그 자리에서 해결했다.

스님의 법문은 고준했고 깊은 수행에서 나오는 안목과 지혜는 당할 자가 없었다. 승속을 막론하고 이 시대 최고의 선사라고 스님을 칭송했다. 스님의 선객 사랑이 넘쳐 모든 힘을 선방에 모아주다 보니 주지나 삼직들은 수좌들을 부처님처럼 모시면서 한편 어려워했다. 아무튼 당시 해인사는 모든 선사들의 고향이고 가장 인기 있는 도량이었다.

나는 복이 많아 20대의 젊은 날 당대의 최고 선지식들을 한

꺼번에 모시고 공부했다. 그 중에서도 뜨거운 정진 열기 속에 성철 노사의 법문을 듣고 살았던 전설의 해인사 선원, 선열당 선원은 영원히 잊을 수 없다.

홍류동 계곡물은 예나 지금이나 변함없이 흐르는데 가야산 호랑이 성철선사가 없는 해인사 선원은 왠지 쓸쓸하게 느껴진다.

지리산의 봄

지리산 오막살이
개울 건너 비켜 있고
섬진강 봄소식 피어나니
매화 향기 가득하네

해는 서산에 기울고
달은 동산에 오르는데
저녁 연기 나는 곳에
쌍계사의 대종소리
화개골에 퍼져드네

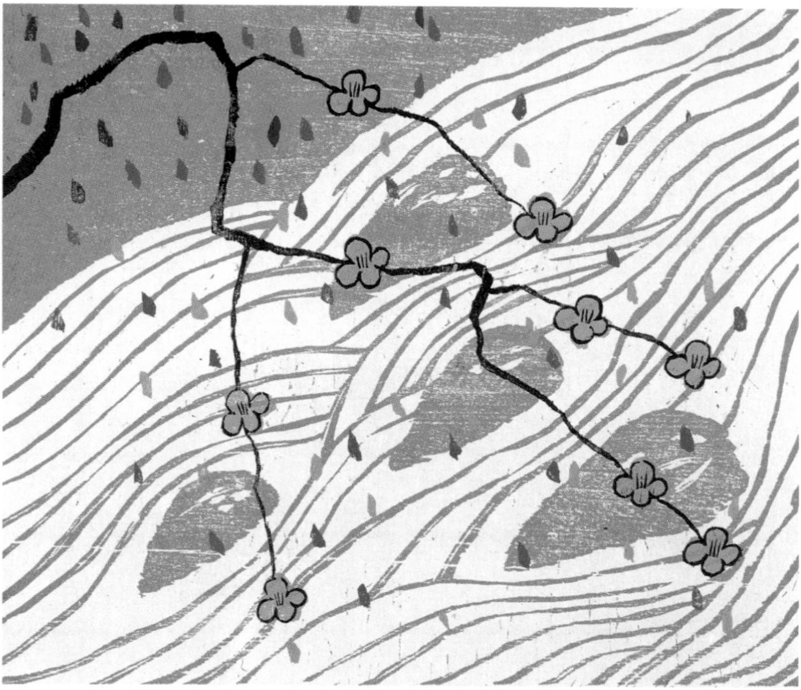

북방제일
망월사 선원

1981년 가을, 도봉산 망월사에 동안거 방부를 들이러 올라갔다. 당시 망월사는 북방제일선원이라 불리고 있었다. 남방제일선원은 지리산 칠불사 선원이었다. 망월사에는 당대의 선지식 춘성스님이 오래 주석하면서 선객들을 제접, 외호했고 스님 열반 후 능엄스님이 선원을 맡아 대중외호를 여법하게 하고 있었다.

망월사는 2층 돌집이었는데 2층은 법당, 1층은 선방으로 쓰고 있었다. 지객 스님의 안내로 주지실에 가서 능엄스님께 방부인사를 드리니 "인연이 있으니 같이 살자."며 시원하게 방부를 받아주셨다. 스님은 당신의 수행담과 무용담을 말씀해주셨고 즐거운 시간을 보냈다.

그 후 결제가 임박하여 망월사에 올라갔다. 주지실에 벌써 많은 대중들이 모여 있었는데 보일스님, 서일스님, 대암스님 등이 반갑게 맞이해 주었다. 선원에 올라가서 선원장 무여스님께 인사드리니 간절하게 공부를 지어가는 방법과 대중처소의 생활을 고구정녕하게 말씀해 주셨다. 스님의 가르침은 초창기 화두 공부하는데 큰 도움이 되었다.

81년도 망월사는 살림이 참 어려웠다. 주지 능엄스님은 서울에 가서 화주를 했고 절살림은 송파스님이 맡아 대중시봉을 했다.

능엄스님 주변에는 항상 스님들이 모여들었다. 스님은 거침없는 법담과 무용담으로 대중을 울리고 웃겼다. 대중스님을 부처님처럼 모시고 어린 수좌스님들에게도 경어를 쓰셨다. 자비심이 넘쳐 누구에게나 따뜻하게 배려하셔서 주지실은 선방스님들의 지대방이었다. 선원은 무여스님이, 살림은 능엄스님이 맡아 조화를 이루었는데 능엄스님은 선원장 무여스님을 깍듯이 모셨다.

이처럼 능엄스님의 신심과 원력이 오늘날 망월사를 수행 잘하는 선방, 멋진 도량으로 만들었다. 근자에 몸이 불편하셔서 걱정했는데 많이 회복되었다고 듣고 있다. 수좌들이 최고의 선방 주지로 꼽는 능엄스님이 늘 청안하시길 바란다.

도봉산 망월사 선원은 예나 지금이나 북방제일선원 역할을 하고 있으며 모든 선객의 고향이다.

죽으러 간
대자암 무문관

1993년 계룡산 대자암 무문관이 개원되었다고 제방에 알려지니 가슴이 뛰고 꼭 살고 싶은 충동이 생겼다. 벌써 선원에 나온 지 15년이 넘어서고 있고 세속 나이도 40이 가까워졌다. 이렇게 살다가는 공부시늉만 하고 죽는 것이 아닌가 급한 생각이 들었다. 역대 조사들은 20대에 일찍이 이 일을 마쳤는데 나는 이게 무슨 꼴인가 하는 자책과 자괴가 들어 괴로웠다.

'이번에 끝내지 않으면 무문관에서 죽으리라' 다짐하면서 밤늦게 고향의 아버님 묘소에 가서 이별을 고하고 어머님 집 앞에서 삼배로 인사드렸다. 은사 스님의 격려를 받으면서 갑사 주차장에 내려 양손에 보따리를 들고 죽으러 가는 심정으로 많이 울고 울었다. 봄날의 꽃들도 나무들도 모두 다 울고 있는 것 같았다.

드디어 무문관 문이 닫히고 결제가 시작되었다. 먼저 면도기로 눈썹을 밀고 좌복에 앉아 화두와 씨름하면서 지냈다. 그러나 생각같이 공부가 순일하지 못하고 혼침과 망상으로 두

달 가량을 애태우면서 보냈다. 엉덩이가 헐고 헐어 진물이 나고 진물과 피가 좌복에 붙어 몸이 아프지 않은 곳이 없었다. 코피가 멈추는 날이 없었고 이러다간 못 견딜 것 같아 가끔씩 자살 충동을 느끼면서 길고긴 시간을 보냈다.

날씨는 점점 무더워졌다. 몸은 쇠약할 대로 쇠약해져 모든 것을 포기하고 옆으로 누웠다. 그때 문틈 사이로 개미들이 짐을 나르고 있었다. 개미들이 떨어지고 떨어지고 하다가 기어코 석양 늦게 짐을 옮기는 것을 보고 벌떡 일어나 소리쳤다. '세상에 미물들도 이렇게 해내는데 장부가 여기서 포기할 수 있나' 하면서 다시 화두를 점검했다.

그런데 공부 열정은 대단했으나 중생을 위한 자비심이 크게 부족했음을 느끼고 이 날부터 매일 천 배를 하면서 화두를 들었다. 화두가 들리기 시작했고 좌복에 앉아도 몸과 마음이 편안해졌다. 화두에 힘이 붙어 몇 시간을 금방 보내니 환희심이 절로 났다. 엉덩이의 피와 진물도 아물고 코피도 멈추었다.

간간히 고봉선사의 '선요', '선관책진'을 보면서 공부를 재점검했다.

그 해 추석 날 아침, 문 없는 문이 열리고 죽으러 간 무문관이 나를 살렸다. 정말 죽으려고 갔는데 대자암 무문관이 나를 살렸다. 이것이 대자암 무문관의 기적이 아닌가 하는 생각이 든다.

살기 위해 들어간
진귀암 무문관

출가 후 20여 년 넘게 좌복에 살다가 갑작스런 은사스님 입적으로 서울 보문사 주지 소임을 맡게 되었다. 당연히 모든 것이 쉽지 않았고 예기치 못한 어려움이 밀려왔다. 대중들과의 부드러운 관계도 익숙하지 않았고 마음은 늘 선방에 가 있었다.

해제가 되면 도반 스님들과 선객들이 보문사로 찾아와 함께 공부 이야기를 나누며 결제를 하지 못한 아쉬움을 잠시 잊을 수 있었다. 그러다가 다시 결제철이 오면 주지 소임을 본다는 것이 몸에 맞지 않는 옷처럼 불편해서 늘 걸망을 쌌다가 풀었다를 되풀이했다.

수많은 고민 속에 시간을 보내면서 자리를 못 잡고 있다가 2005년 봄 어느 날 내 방에서 갑자기 핑 어지러워지더니 곧장 바닥에 쓰러졌다. 의식이 가물가물하면서 화두를 점검하니 화두는 들리는데 '어쩌면 죽겠구나' 하는 공포가 밀려오고 있었다. 곧바로 병원에 실려가 응급조치를 하고 차분하게 생각을 정리했다.

그 동안 주지로 살아온 삶을 점검해보니 정작 내 공부가 소홀했다는 생각이 들고 후회가 막급했다. 주변 사람들의 정성으로 어렵사리 15일만에 퇴원해 짐정리를 하고 지리산 산청에 있는 진귀암 무문관으로 내려갔다.

진귀암 주지 심우스님의 배려로 큰방을 쓰면서 정진에 몰두했다. 낮에는 좌복을 떠나지 않고 화두를 들고, 밤에는 큰방 포행과 전강노사의 법문을 들으면서 몸과 마음을 추스르고 달래면서 다시 한번 공부할 수 있는 인연을 주신 제불 보살님께 절을 하면서 삼복더위를 이겨냈다. 한여름 밤 문틈 사이로 달빛을 보면서 살아있음에 감사의 눈물을 많이도 흘렸다.

그 때 나를 처음 본 심우스님은 "사람이 아니고 송장이 왔구먼." 하며 걱정을 많이 해주셨고 이후 내가 중노릇하고 공부하는데 영향을 많이 주신 선배 선사다. 경제적으로 힘들어도 내색하지 않고 항상 객스님들을 흔연히 접대하고 산청 골짜기에 무문관을 개원하여 근 20여 년 동안 매철 3~4명의 선객을 직접 시봉하고 있는 숨은 수행자이다.

그 해 여름 진귀암 무문관에서 건강도 회복하고 오랜만에 공부에 푹 젖어 행복했다. 해제 후 맑은 기운으로 서울에 돌아오니 관악산은 푸르고 한강물은 도도히 흐르고 있었다.

해남 대흥사의
그 해 겨울은 따뜻했네

여름 안거를 진귀암 무문관에서 보내면서 건강도 되찾았고 다시 서울에 올라와 소임을 보았다. 겨울 결제가 다가오면서 정진을 더 해야겠다는 생각이 들어 선원을 알아보던 중 해남 대흥사 선원장 범혜스님과 연락이 되었다. 서울 살림을 간략하게 정리하고 땅끝 해남 대흥사 동국선원에 방부를 들이고 대흥사에 내려왔다. 그 해가 2006년 겨울 안거 때였다.

남도의 정취가 물씬 풍기는 겨울 두륜산은 정말 아름다웠다. 남도라 하지만 바람도 심하고 눈도 많이 왔다. 새벽 방선이 끝나면 천불전에 들어가서 절을 하고 아침 공양이 끝나면 산문까지 하루도 빠짐없이 걸었다. 그리고 오후 방선 후에는 반드시 대둔산 정상에 올라갔다.

비가 오나 눈이 오나 두륜산을 오르고 올랐다. 아침 점심은 밥을 2~3 숟가락으로 허기진 배를 채우면서 걷고 또 걸었다. 어떤 날은 눈보라 속에 산행을 하다가 지쳐 쓰러지고, 어떤 날은 달빛을 맞으면서 때론 별빛을 보면서 수없이 정상을 올랐다. 밤 깊은 두륜산 정상에서 바라보는 진도와 해남, 완도 앞바다는 정말 한 폭의 산수화였다. 이따금씩 고깃배가 지나가는 달빛 속의 정취는 꿈처럼 다가왔다.

그 때는 명원스님이 죽비를 잡고 입승 소임을 보았는데 여러모로 도움을 주었고 범혜스님이 대중들의 큰 울타리가 되어 주었다. 해제를 앞두고 체중을 재어보니 20kg이 빠져서 놀랐다. 몸이 정상으로 돌아오니 자신감이 붙고 어떤 것도 해낼 수 있다는 용기가 생겼다.

해제 후 다시 보문사로 올라와 매일 오후 관악산을 오르고 있다. 결제가 되어 다시 제방에 나가 정진을 하니 몸도 마음도 가벼워지고 공부에 큰 도움이 된다. 그 해 겨울은 춥고 힘들었지만 나에게는 정말 따뜻한 겨울이었다.

고운사 100일 용맹정진

1989년 가을 지리산 칠불사에 있다가 부산에 잠깐 들렀다. 도반들과 만나 공양을 하고 헤어져 적음스님과 함께 숙소로 가는데 갑자기 어지러워지면서 길거리에 쓰러졌다.

화두는 온데간데 없고 죽음의 공포가 밀려오고 있었다. 중노릇 잘못한 것이 그 순간에도 후회가 되었다. 의식을 잃고 다음 날 깨어나니 도저히 어지럽고 걸을 수가 없었다. 적음스님과 부산 보살의 정성어린 간병으로 어렵사리 걸을 수 있었지만 야무지지 못하게 살아온 중노릇이 창피하고 부끄러웠다. 그 때 다짐했다. '나는 아직 멀었다. 정말 공부다운 공부를 해야겠다.'

병원에서 링거를 뽑고 택시를 불러 고운사로 들어갔다. 저녁노을이 피어나는 고운사는 나를 따뜻하게 받아 주었다. 곧바로 근일스님을 친견했다. 생사가 본래 없다는 스님의 격외 법문을 듣고는 신심이 나고 마음이 편해졌다. 법웅스님이 죽비를 잡고 대좌를 하면서 장군죽비 경책이 이어지고 하루 20

시간의 고된 용맹정진이 시작되었다.

그런데 대좌를 하고 앞을 보니 마주한 스님이 흔들려 볼 수가 없고 아무리 바로 앉으려 해도 몸이 틀어졌다. 고개와 머리가 늘 바닥을 치니 장군죽비가 멈추지 않았다. 너무 힘이 들어 오후 방선시간에 법당에 가서 '여기서 죽더라도 꼭 깨쳐서 생사를 면하게 해달라'고 발원했다.

고운사에서도 매일 300배 절을 하는데 머리가 어지러워 절하기가 너무 힘들었다. 그래도 포기하지 않고 하루하루 절을 하면서 정진에 매달렸다.

이윽고 한 달이 가고 반결제가 넘어가던 어느 날 같이 공부하던 법웅스님이 나를 보고 말했다. "지범스님 자세가 많이 돌아오고 좋은데요." 이 말을 듣는 순간 몸이 가벼워지면서 화두가 좀더 또렷이 들려오고 현전했다.

고운사의 마지막 한 달은 시간 가는 줄도 모르면서 공부가 재미있었고 이젠 살았다는 자신감도 생겼다. 그 때 함께 공부했던 법웅, 석교, 원중, 등호, 등월, 석봉스님 도반들이 생각난다. 정말 죽으려고 갔는데 이렇게 살아있으니 이것이야말로 고운사 100일 용맹정진의 가피라 하겠다.

무문관 스님들

무문관이라는 소리를 듣기만 해도 나는 가슴이 아리고 설렌다. 한 때 나의 모든 것을 던져 좌복에서 승부를 걸었기에 늘 좋은 기억으로 남아 있다. 원래 무문관은 화두를 타파해야 문 없는 문을 나올 수가 있다. 그런데 제방 무문관은 3년 혹은 1년, 3개월 단위로 입제와 해제를 하고 있다.

우리나라 최초의 무문관은 도봉산 천축사 무문관이다. 1964년에 정영스님이 도봉산 천축사 무문관을 개원하여 당대의 선지식인 범어사 지효스님, 직지사 관응스님, 경산스님, 제선스님 등이 6년을 회향하셨다. 특히 제선스님은 6년 회향 후 소식이 없어 많은 선객들과 제자들이 안타까워했다고 한다. 그 뒤 마지막으로 70년대 후반에 송광사 구암스님과 원공스님이 회향한 후에는 대중을 받지 않고 원공스님이 10년을 홀로 지키시다가 지금은 문을 닫고 있다.

1993년 봄 정영스님이 대자암 조실로 계시면서 대자암 무문관과 제2 무문관을 개원하여 많은 수좌들을 제접하고 외호하셨다. 나는 정영스님으로부터 개인적으로 공부에 큰 가르침을 받았고 존경하는 스님인데 지금은 입적하시고 뵐 수 없어 허전하다.

1996년도에는 혜국스님의 원력으로 제주도 남국선원에 무문관이 개원되었다. 혜국스님은 이 곳에서 대중들과 함께 15개월을 정진하셨고 그 후 무문관에서 3년을 지낸 현진스님이 지금도 이 곳에서 애를 쓰고 있다. 구참 중에는 정묵스님, 대오스님, 혜광스님, 성오스님, 정우스님 등이 제주도 남국선원을 거쳐 갔다.

1998년도에 신흥사 조실 오현스님의 원력과 신심으로 백담사 무문관이 개원되었다. 처음 내가 살 때는 시설도 외호도 변변치 않았고 주지인 득우스님이 눈보라 속에 직접 지게를 지고 공양을 나르며 시봉했다. 이후 오현스님의 외호에 힘입어 백담사 무문관 선원은 수좌들에게 꼭 한번 정진해보고 싶은 선원으로 자리잡았다.

특히 지난 2014년 기본선원이 백담사에 개원되어 영진스님의 지도 아래 기본선원 스님들이 무문관을 정성껏 시봉하고 있다. 근년에는 조실스님이 직접 무문관에서 몇 년째 정진하고 계신다.

또 경남 양산에 천성산 조계암 무문관이 있고, 지리산 산청에 진귀암 무문이 있으며 근년에 단양 방곡사 무문관이 개원되어 전국적으로 1년에 40여 명 정도가 무문관 안거를 지내고 있다.

개인적으로 대자암 무문관, 백담사 무문관, 진귀암 무문관에서 여러 철을 보냈기에 아직도 무문관을 생각하면 가슴이 설렌다. 무문관이 쓰러져가는 나를 살렸고 무문관이 죽어가는 나를 일으켰고 무문관을 통해서 흔들리는 내가 수행자로 거듭나지 않았나 하는 생각이 든다.

무문관에서 함께 몸을 던졌던 스님들과 뒤에서 소리없이 외호해준 인연들에게 고마움을 전한다.

실상사의 낭만적인 겨울

1980년대 후반 어느 겨울 지리산 실상사에 도착했다. 주지 혜광스님에게 방부를 청하며 한 철 도량석을 하고 지내겠다고 하니 흔연하게 뒷방을 내주며 좋아했다. 지금은 실상사가 '화엄학림'으로 역할을 잘 하고 있지만 20~30년 전만 해도 선객들과 토굴스님들에겐 북지리산의 정거장이었다.

혜광스님은 살림이 넉넉하지 않아도 선객과 토굴스님에게 차별 없이 식량과 객실을 제공하고 여비도 챙겨주어 인기가 그만이었다. 당시 실상사는 겨울이면 눈이 많이 오고 바람도 심하게 불어 제법 겨울 맛이 나는 도량이었다. 새벽 3시경 적당히 눈발이 내리고 달빛이 환하게 비치면 도량석을 나갔다. 새벽눈을 맞으며 독송하는 토굴가 소리는 내가 부르면서도 신심 나고 좋았다.

그 해 겨울 실상사 언저리 마천 도마마을에는 고목선사가 있었고 서진암에는 지일선사, 금강대에는 돈종선사, 안국사에는 절친 선후스님, 백운암에는 법수스님 그리고 유림에는 은산스님, 함양 포교당에는 정빈스님 등이 있었고 백장암에는 범현스님이 상주하고 있어 여선에는 자주 만나 회포도 풀고 좋은 시간을 보냈다. 벌써 그 시절 30대 중반이었던 스님들이 이젠 60줄에 들어선 것 같다.

지금도 실상사를 생각하면 새벽 눈보라를 맞으면서 달빛 속에 불렀던 토굴가를 잊을 수 없다. 그 때 함께 한 지리산 토굴에 사셨던 스님들이 그리워진다.

그 해 여름
설악산 신흥사

설악산 신흥사에 선원이 개원된 시기는 2000년 여름이다. 신흥사 향성선원은 정진 분위기가 안정되어 있고 도량이 맑고 기운이 좋아 많은 선객들이 선호한다. 특히 해제비를 전적으로 사중에서 해주기 때문에 단월이 없거나 인연이 없는 선객들은 부담없이 정진할 수 있어 의외로 방부 들이기가 쉽지 않다.

나는 개원 선방과 인연이 있는지 향성선원이 개원한 해 여름을 이 곳에서 보냈다. 당시 제반 시설이 조금 불편했으나 공부에 나름 소득이 있어 설악의 기운이 참 좋음을 온 몸으로 실감했다. 큰방에 앉아 있으면 졸음도 없고 힘이 있어 화두도 또렷이 깊이 들어가고 가행정진을 해도 피곤하지 않았다. 낮에는 관광객이 많아 절이 분주한데 큰방에 앉으면 의외로 고요하고 차분했다.

나는 밤 9시 방선 후에도 내 방에서 홀로 좌복에 앉아 밤을 지새우기 다반사였다. 울산바위에서 불어오는 송풍과 계곡에서 들려오는 청량한 물소리를 들으면서 밤 정진을 했고 어떤 날은 대청봉 정상에 떠있는 보름달을 보면서 설악산 여름 풍광에 젖기도 했다.

낮에는 천불동 계곡으로 가서 포행을 하거나 비선대에서 설악산의 시원한 물소리를 들으면서 정진했다. 삭발 목욕일에는 도반들과 울산바위에 올라가 또다른 설악산을 보았고 계조암 흔들바위를 거쳐 내원골에서 종종 목욕을 즐겼다.

그런데 해제를 앞둔 음력 7월 1일 오후 법륜스님과 울산바위 산행을 하던 중 서울에서 비보가 날아왔다. 은사스님이 돌아가셨다는 연락이었다. 부랴부랴 큰절에 내려오니 이미 소식을 알고 있었다. 어렵사리 비행기표를 구해 보문사에 들어가니 많은 문중 식구들과 신도들이 비통해하고 있었다.

나주 다보사에 가서 장례를 치르고 설악산으로 돌아가는데 만감이 교차했다. 결론은 중노릇을 잘 하는 것이 은사스님의 사랑에 보답하는 길이라는 생각뿐이었다.

설악산에 돌아와 남은 시간을 더 치열하게 보냈으며 은사스님이 안 계시는 앞날이 걱정도 되었지만 스스로 극복하리라 다짐했다. 공부에도 좋은 시절이었지만 슬픔도 던져준 그 해 여름 설악산이었다.

내 고향 아름다운 절
참당암

내 고향은 전북 고창군 심원면이다. 어린 시절 내가 살던 고향은 정말 아름답고 멋진 그림 같은 곳이다. 멀리 변산이 보이고 항상 서해 바다 갯내음이 풍기고 멀리서는 고깃배와 황포 돛단배가 지나가는 것을 보았다. 해변가에는 염전이 있어 소금캐는 것을 보고 자랐다. 어린 시절 석양에 소를 몰고 집으로 돌아올 때면 서해 바다 고깃배는 노을 속으로 사라지고 산사의 저녁 종소리가 들려왔다.

초등학교 시절엔 매년 봄가을 소풍을 참당암으로 갔다. 특히 봄소풍 때는 아름드리 산벚꽃이 만개했고 동백꽃이 떨어지는 참당암은 눈부시게 아름다웠다. 어린 학생들이 마당에서 떠드는 소리에 밖으로 나오신 노스님이 절 안내와 법문을 해주시면 그 뜻은 몰라도 왠지 즐거웠다. 어린 시절에도 나는 불심이 조금 있어 법당에 가서 향을 꽂고 절을 했으며 소원을 빌었다.

이런 추억과 낭만이 있는 참당암에 나는 30년 만에 스님이 되어 2007년 겨울을 지낸 적이 있다. 이때 참당암 선원은 수용 시설이 그리 좋지 않아 대중이 고생을 좀 했다. 그 해 겨울은 춥기도 했거니와 거의 매일 눈이 내려 원없이 눈구경을 하고 매일 제설작업을 했다. 당시 내가 가장 구참이라 젊은 스님들과 재미있고 멋진 겨울을 보냈다.

아침, 오전, 저녁은 좌복을 지켰지만 오후에는 산행정진을 했다. 포행길도 좋았고 도량이 아름다워 매일 산행정진으로 오후를 보냈다. 눈 덮인 도솔산을 오르고 걸어서 경수봉에 올라가면 변산이 한눈에 들어왔다. 옛적에 보았던 고깃배와 석양노을이 밀려오면 잠시 옛생각에 젖곤 했다. 고향에 살다보니 찾아오는 옛 인연도 많았고 어떤 날은 밤에 걸어서 고향 마을과 고향집에 들리곤 했다. 밤 늦게 절로 돌아오면서 돌아가신 부모님 생각을 하며 더 잘 살아야겠다고 다짐했다.

해제 하루 전 고향 마을 이장님을 찾아 뵙고 어르신들 공양에 쓰시라고 봉투를 놓고 왔다. 참당암은 얼마 전 법만스님이 새롭게 소임을 맡아 불사도 하고 대중외호를 잘 하고 있는 것 같아 반갑기 그지 없다. 인연이 있다면 다시 살고 싶은 고향의 절 참당암 선원이다.

화엄사 선등선원의 겨울

2016년 겨울 한 철을 화엄사 선등선원에서 보냈다. 풍광도 좋거니와 산 기운이 있어 여느 지리산 선방 못지않게 좋은 시간을 보냈고 좋은 인연도 만났다. 선원장인 진표스님은 오래 전부터 알고는 지냈지만 같이 큰방 생활은 처음 했다. 송광사 지진 노스님도 얘기는 들었지만 가까이 모시고 사니 신심이 났다. 봉천암 명안스님도 가끔 찾아 뵙고 옛 선사들의 일화를 들으니 감회가 새로웠다. 내 방에서 지진 노스님을 모시고 그 옛날 효봉 노스님, 구산 노스님을 시봉했던 일화를 듣고 있노라면 신심이 절로 났다.

화엄사 큰절에는 평소에 흠모하는 명곤스님이 계셔서 수행담도 나누고 살아온 얘기도 들었다. 청계암 종걸스님은 젊은 시절 몸을 던졌던 수행담과 선등선원을 짓고 개원한 얘기 등을 실감나게 해주셨다. 사중의 외호 덕분에 선등선원은 수용도 좋고 정진 분위기도 안정되어 있어 방부 들이기 어려운 인기 선원이 되었다.

겨울 선등선원에서도 나는 매일 일종식을 하면서 각황전에 내려가 아침저녁으로 오백 배씩 절을 했다. 새벽 방선 후 대나무 숲과 동백나무 숲을 지나 각황전에 들어가 차가운 법당에서 절을 한 후 선방에 올라가면 새벽달이 노고단에 걸려 있고 지대방 한쪽에서는 커피 향내음이 피어나고 다른 쪽에서는 작설향이 피어나고 있었다.

선원장인 진표스님은 평소 말이 없지만 가슴이 따뜻하고 수행력이 뛰어나 많은 대중이 좋아하고 따른다. 옛선사의 가풍과 결개가 드러나고 한생각이 쉬어 있어 수행자로서 배울 점이 참 많다.

나는 지리산에 인연이 깊어 십 년 가까이를 보냈는데 이렇게 60이 넘어 노고단 아래 대화엄사 각황전에 있는 선등선원에서 겨울 한 철을 지내니 좋은 시절이다. 그러고 보면 처음 내가 선방 다닐 때는 화엄사 스님들이 참 많았다. 특히 활달하고 기가 세서 전국 선원을 주름잡고 있었다. 근년에는 그 활발발하고 멋진 선사들은 잘 보이지 않고 전국 제방에 구참스님으로 현산스님, 종남스님, 진표스님 등이 방함록에 올라오고 있다.

지난 안거 중에 내가 선방 첫 철을 함께 했고 여러 철을 살았던 종표스님이 투병 중에 돌아가셔서 직접 상여를 매고 화장을 했다. 마음이 아프고 안타까웠다. 지금쯤 그동안 공부했던 것을 많은 사람에게 회향할 때가 되었는데 본인이 어릴 때 입산출가한 화엄사에서 그렇게 떠나고 말았다. 지난 겨울 화엄사는 슬픔도 기쁨도 함께 한 잊을 수 없는 도량이다.

2

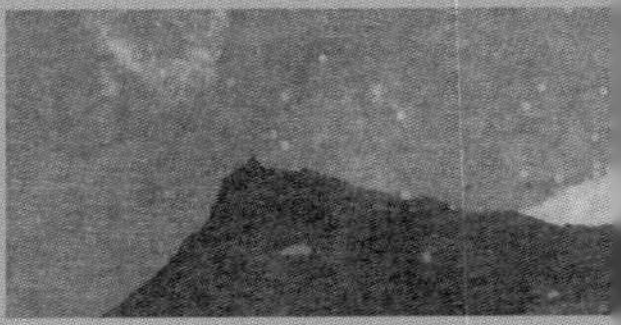

선방생활

이 땅에
간화선이 꽃을
피우기 위해서는
선지식의 죽비와
가르침이 절실히
필요하다

은사스님과의 첫 만남

1978년 아버님 장례식을 치른 후 가세는 기울고 형마저 오랜 병마와 싸우다가 돌아가셨다. 학교 복학은 꿈에도 생각하지 못하고 어떻게 살 것인가 고뇌와 번민이 긴 겨울밤을 뜬 눈으로 보내고 있었다.

고등학교 3학년 때 잠깐 선운사 석상암에 머물고 있을 때 노스님께서 나주 다보사에 우화도인이 계신다는 이야기를 들려준 생각이 머리를 스쳤다. 서울에서 광주행 고속버스를 타고 광주 버스터미널에 내렸다. 어디로 가야 하나 잠시 망설이고 있을 때 두 스님을 우연히 만났다. 한 분이 바로 은사스님인 정진스님이시고 다른 한 분은 천축사 무문관 6년을 회향하고 만행길에 나섰던 원공스님이었다.

두 분께 자초지종을 설명했더니 우화스님은 돌아가셨으니 곡성에 있는 서산사에 가서 행자를 할 것을 권했다. 은사스님은 첫 인상이 온화하고 자비스러웠고 원공스님은 위엄이 있고 눈매가 범상치 않았다.

두 분의 모습과 말씀에 신뢰가 가고 믿음이 생겨 곡성 서산사에 가서 첫 행자시절을 보냈다. 다시 사형이 계신 울진 수진사에서 행자생활을 하다가 은사스님을 계사로 가수계를 받고 79년 7월 15일 범어사에서 덕명화상을 계사로 정식 스님이 되었다.

은사 정진스님께서는 그 때 당시 선원에 다니시다가 서울 불광동에 병상심방원을 원공스님과 함께 개원하여 병들고 힘들게 살아가는 스님과 불자들을 뒷바라지하면서 도심포교에 열정을 다하고 계셨다. 이후 서초동에 포교당을 개설하여 활발하게 활동하신 후 상도동 보문사로 오셨다. 원공스님은 지금도 근 40여 년간 한 번도 차를 타지 않고 걸어 다니면서 포교와 정진으로 수행자의 삶을 살고 계신다.

은사스님은 안타깝게도 내가 신흥사 선원에 살던 2000년 음력 7월 1일에 과로로 쓰러져 열반에 드셨다. 정말 은사스님은 어려운 환경에서도 많은 보살행을 하시면서 수행을 놓지 않고 사셨던 이 시대의 보현보살이었다. 지금 내가 객실을 개방하고 주지를 살면서 선방을 다닐 수 있는 것은 전부 은사스님의 은혜 덕분이다. 오늘따라 은사스님이 그리워진다.

스님 뵙고 싶습니다.

나의 또 다른 스승
원공스님

나에게 또 다른 마음 속 스승이 있다. 일찍이 도봉산 천축사 무문관에서 6년을 회향하고도 오랫동안 무문관을 떠나지 않고 있다가 지금은 도봉산 아래 작은 토굴에 머물면서 1년에 1번씩 전국 만행을 40여 년째 꾸준히 하고 있는 원공스님이다.

70년대 말 내가 출가하기 직전 은사스님과 함께 만행하던 중 만나 40여 년 가까이 나를 지켜주고 지금껏 큰 울타리가 되고 있는 정신적 스승이다. 특히 은사스님이 갑자기 입적하시고 보문사 주지 문제로 약간의 잡음이 있을 때도 한결같이 나를 믿어주시고 지지해준 고마운 스님이다. 당시 공동 창건주로 되어 있는 보문사를 일체 조건없이 양보해주시고 한없이 응원해주시는 큰 스승이다.

스님 토굴에 자주 찾아뵙지 못해도 올 것 없다고 하시고, 혹은 봉투를 남모르게 놓고 와도 호통을 쳐서 돌려보내시는 올곧은 선지식이다. 토굴에 가보면 공양주도 시자도 없이 방에는 불도 전등도 거의 켜지 않고 청빈하게 살고 계신다. 단월이

나 인연들이 보시하는 공양물을 하나도 남김없이 없는 사람에게 나눠주고 얼마 전까지 냉장고도 없이 지내시는 걸 봤다.

토굴에서도 늘 좌복을 떠나지 않고 화두 하나로 살면서 여선에는 경전과 어록을 놓지 않고 살아 어떤 질문에도 막힘이 없다. 40여 년 동안 차를 타지 않고 도보로만 전국을 누비며 걸어 다니는 스님을 남녀노소, 승속, 종교를 떠나 많은 사람들이 존경하고 따른다. 나에게 원공스님은 도봉산처럼 큰 산이요 정신적 스승이다.

새벽 그믐달 같은 어머니

내게 어머니의 모습은 늦가을 새벽 서산에 걸려 있는 그믐달 같은 아늑하고 아련한 추억이다.

나는 초등학교를 집에서 보냈고 중학교는 외가에서, 고등학교는 큰 누나 집에서 보내 고향의 향수와 끈끈한 부모님의 정을 크게 못 느끼면서 사춘기를 보냈다. 그런데 군대생활을 고향 예비군 중대본부에서 방위로 근무하게 되어 고향의 옛 친구와 선후배들을 자주 만날 수 있었다.

군복무를 시작할 무렵 아버지가 돌아가셔서 집안에는 슬픔과 눈물이 떠나지 않았다. 어머니와 누나는 늘 울고 사셨고 나 자신도 삶의 고뇌와 번민이 많아 술을 가까이 했다. 퇴근 후에는 친구들과 어울려 이 동네 저 동네 돌아다니며 집을 많이 비웠다. 어쩌다 집에 들어오면 늘 쓸쓸하고 허전했다. 그 와중에 선운사 석상암에 들러 노스님을 찾아뵙고 고민을 털어놓고 많은 조언을 들었다.

그 해 오랫동안 병고에 고생하시던 형님이 돌아가셨고 나는 어렵사리 군 제대를 했다. 복학은 꿈에도 생각을 못하고 서울에 계시는 친척 형님 일을 잠깐 돕고 있었다. 그러던 중 1978년 겨울 어느 날 '내가 갈 곳은 산이다' 하고 광주에서 내려와 다보사를 찾아가던 중 은사스님을 만나 출가하였다.

80년도 선운사 도솔암에 잠깐 살 때 고향에 계신 어머님이 찾아오셨다. 방으로 들어와 내 손을 꼭 잡고 눈물을 흘리시면서 "기왕 출가했으면 서산스님 같은 도인이 되어 달라."고 하시며 돈 3만 원을 손에 쥐어주셨다. 이후 85년 여름 안거를 해인사 선원에서 보낼 때 결혼한 작은 누님과 매형, 어머님이 찾아왔지만 나는 만나지 않았다.

세월이 25년 여 흘러 어머님이 돌아가셨다는 부고를 접했다. 잠시 장례식장에 들러 반야심경을 독경하고 속가의 남동생에게 500만 원을 주면서 49재를 우리 절에서 지내라고 했다. 도반스님과 신도들에게도 일절 알리지 않고 조용히 49재를 모셨다.

앞으로 남은 세월을 예단할 수는 없다. 이름 있는 스님은 못 되어도 '그 스님 공부하다가 좌복에서 죽었다'는 소리는 듣고 싶다. 그리운 어머니, 뵙고 싶습니다.

영축총림 통도사
용상방 짜는 날

2017년 겨울 통도사 선원에 동안거를 살러 가기 위해 서울 보문사를 떠나왔다. 아침 공양 후 대중스님들과 신도님들의 환송을 받으며 거사님과 통도사로 출발했다. 차 속에서 다짐과 발원을 하면서 약간의 긴장된 마음으로 천 리 길을 달려 영축산문에 들어서니 마음이 편하고 신심이 났다.

먼저 보궁참배를 하고 자장암, 극락암, 서운암을 들러 보광전에 오니 옛 생각이 주마등처럼 흘러갔다. 30대 후반과 40대 초반에 살았던 선원이 20년 세월이 지났어도 그 때 몸을 던졌던 기억이 생생하게 떠올랐다.

당시 함께 정진했던 노스님과 도반들은 다수가 돌아가시거나 노스님이 되었다. '영축산 산문의 소나무는 예전처럼 싱싱하고 푸른데 이내 몸은 회갑을 지나 늙어가고 있구나. 더 늙기 전에 결정코 이 일을 해결하리라' 다짐하고 다짐하면서 말없는 영축산을 바라보았다.

음력 10월 14일 영축산의 밤, 보름달이 밝게 떠 있었다. 선원에서 죽비예불을 마치고 가사장삼을 입고 큰방으로 갔다. 벌써 강원, 율원 사중 스님들이 자리하고 있었고 유나 영일스님의 죽비 3타가 시작되자 용상방이 발표되었다.

통도사 큰절의 동안거 전 대중은 148여 명에 이른다. 용상방이 발표되자 주지 영배스님은 방부 들인 수좌스님들에 대한 당부와 함께 최선을 다해 대중을 시봉하겠다는 말씀을 했다. 나도 총림선원에서 공부한 것은 근 20년 만의 일이라 새삼 마음을 다잡고 의지를 다졌다.

영축총림의 용상방은 장엄하고 여법했다. 내일 산중 암자 및 인근 비구니 선원 스님들을 모신 결제법회에서 방장스님의 고준하고 여법한 법문이 기대된다. 이렇게 음력 10월 14일 용상방 짜는 총림의 밤은 깊어갔다.

죽비 놓는
새벽

2016년 화엄사 동안거 해제를 앞두고 있었다. 평소 '토굴에서 아무리 잘 살아도 대중에 노는 사람만 못하다'는 말을 자주 하곤 했는데 이 말을 더욱 실감한 일이 있었다.

전날 밤 이런저런 상념에 잠겨 제시간에 잠을 청하지 못하고 새벽 1시가 돼서야 잠이 들었다. 깊은 수면에 빠졌는데 누군가 방문 두드리는 소리를 듣고 부랴부랴 선방에 갔다. 대중스님들이 가사를 입은 채 모두가 나를 기다린 것 같았다. 다행히 제시간에 죽비예불을 마쳤지만 삼보 전에 부끄럽고 대중에게 창피했다.

해제를 앞두고 긴장이 조금 풀리지 않았나 싶은 생각이 들어 법당에 가서 깊은 참회를 했다. 인생은 연장전이 없고 지금하지 않으면 그 순간은 다시 오지 않는다는 것을 다시 한번 느꼈다. 만약 내가 지금 선방에 있지 않고 토굴이나 서울 보문사에 살고 있었다면 예불지각에 대한 느낌이 이렇게 크지는 않았을 것이다. 한순간도 놓쳐서는 안 되고, 삼보에 부끄러운 수행자가 되어서도 안 된다고 다짐했다.

드디어 죽비 놓는 날이 다가왔다. 지난 늦가을 내려오는 고속버스 안에서 다짐했던 발원이 주마등처럼 스쳤다. 돌이켜보면 그 발원이 밑거름 되어 의미있는 한 철이었다는 생각이 든다. 좋은 도량, 좋은 도반을 만났고 덕과 수행을 겸비한 선원장 진표스님과 지진 선덕스님을 만나 큰 가르침을 받았다. 특히 젊은 스님들과의 차담을 통해 고정관념을 많이 내려놓을 수 있었다. 소통하지 않는 소임자, 자비와 사랑이 없는 지도자는 공동체에서 함께 하기 어렵다는 것을 크게 느끼고 반성했다.

이번 결제에 인연을 함께 한 선등선원 대중스님들께 감사드리고 나의 삶도 대중에서 회향하고 가겠다고 불전에 발원한다.

낭만과 애환의 선원 지대방

선원의 지대방은 수좌들의 낭만과 애환, 선사들의 은밀한 생활이 담겨져 있는 공간이다. 요즘은 선원도 개인에게 방이 각각 돌아가는 추세지만 20여 년 전만 해도 잘해야 입승방, 간병실 정도 따로 썼고 모든 대중이 큰방에서 생활했다. 그 외 차를 마시고 휴식을 취하고 빨래 손질하는 일 등 모든 일상이 지대방에서 이루어졌다. 이른바 지대방 조실이라 불리는 스님은 지대방 법문을 주도하고 온갖 무용담과 만행이야기, 전국 선방 조실스님들을 평하는 등 선원의 활력과 분위기를 주도했다.

사실 어떻게 보면 지대방에서 중노릇하는 법과 만행하는 법, 큰스님의 법력도 듣고 배운다. 활발발한 법담도 오고가고 간간히 스님들의 힘자랑도 벌어지는 수좌들만의 멋진 생활공간이다.

이렇듯 전 대중이 지대방에서 함께 생활하기 때문에 결제 후 보름만 지나면 스님들의 이력을 훤하게 알 수 있다. 고향이

어디며 학교는 어디 나왔으며 몇 살에 출가했으며 출가 전 직업은 무엇이며 왜 출가했는지 다 알 수 있다. 그래서 어떤 수좌는 한철 내내 지대방에 들어오지 않고 좌복만 지키키도 한다. 나도 여러 철을 지대방에 들어가지 않고 포행과 가행정진으로 보낸 적이 있었는데 각각 장단점이 있다.

80년대 초 해인사 선열당에 살 때 그 좁은 지대방 하나에 60여 명 대중이 벗고 입고 먹으면서 무리없이 생활했다. 요즘 후배들은 도저히 이해가 가지 않겠지만 아마도 옛 선사들의 안목 높은 지혜가 담겨 시주은혜를 조금이라도 덜 받기 위해서라는 생각도 든다.

요즘 들어 새로 짓는 선원들은 지대방이 없어지고 다각실이 생겨 그 곳에서 차담을 하고 옷 손질을 하는 추세다. 분명 따로 쓰는 각 방은 장점이 많다. 개인의 생활이 존중되고 정진 시간 외에 책도 보고 본인이 좋아하는 취미생활과 휴식도 충분히 할 수 있다. 하지만 옛 지대방에서 넘쳐났던 걸출한 법담과 법거량 그리고 구참 스님들의 수행담을 더 이상 들을 수 없다는 것은 아쉽다. 지대방이 사라짐과 함께 대중화합과 대중결속이 약해지는 것 역시 시대의 흐름인가 보다.

운수행각과
객실의 낭만

선사들은 해제가 되면 걸망 하나로 전국을 누비면서 동중공부도 하고 선지식을 찾아뵙고 법거량 혹은 선지식의 탁마를 받기 위해 이 산 저 산 만행을 한다. 해인사에서 한 철을 나고 운수행각 나섰을 때를 떠올려본다.

예전에는 교통편이 여의치 않아 해인사에서 출발하면 일단 대구 삼덕동 관음사에서 유숙하게 된다. 다음으로 안동이나 영주포교당 객실에서 자고, 태백산 각화사에 가서 고우선사가 계시는 서암에 들러 법문을 듣는다. 영주 부석사 근일선사를 친견하고, 울진 동림사를 들러 유숙한 다음 강릉 포교당을 거쳐 하루를 쉬고 오대산 상원사로 간다. 낮에는 보궁에 들러 참배하고 서대, 북대를 들러 양양 낙산사 객실에서 짐을 풀고 2~3일 쉰 다음 신흥사에 들러 설악산을 타고 서울로 온다.

서울에서는 선학원, 대각사, 법련사 객실에서 짐을 풀고 며칠 쉬다가 우이동 보광사에 가서 정일선사를 친견한다. 대각사 객실에는 늘 7~8명 수좌들이 머물면서 만행 이야기, 공부

이야기 등 무용담으로 날을 지새우고 강남으로 넘어오면 봉은사 밀운스님이 고생했다며 여비를 챙겨 주신다.

그 때만 해도 인심이 좋고 서로에게 믿음이 있어 객실은 항상 따뜻하고 주지스님들은 꼭 여비와 함께 다시 찾아올 것을 당부했다. 그리고 열차를 타고 대구에 내려가면 파계사 객실이 따뜻하게 반겨준다. 고송노사를 친견하고 성전암에 올라가면 철웅선사가 수고했다며 선법문과 차를 손수 따라주시고 약값을 주신다. 다시 대구 삼덕동 관음사 객실에 들러 쉬다가 대구 성당주차장에서 해인사행 경전여객을 탄다. 드디어 신부락에 내려 노을진 가야산을 바라보며 해인사 산문에 들어서면 이제 내 집에 온 것 같다는 생각이 들었다.

결제 중에 공부에 의심이 생기면 선지식을 찾아가서 탁마를 받고 좋은 도반과 좋은 도량을 만나는 운수행각은 멋진 인생 여행이다.

대중공양과
해제비

승속을 막론하고 먹고사는 문제는 죽고사는 문제와 더불어 중요하고 예민한 것 같다. 선방스님들에게도 먹고사는 문제 즉 대중공양과 해제비는 무심할 수도 자유로울 수도 없는 것이 현실이다.

대중공양은 대개 인연 있는 신도나 단월 그리고 스님들이 신심과 정성을 모아 십시일반 공부하는 수좌들에게 공양물과 현금보시를 올리는 전통관례다. 40년 전 내가 처음 출가할 때만 해도 대중공양을 온 신도나 단월 그리고 스님들이 큰방에서 선방스님들에게 절을 하고 공양 올리는 것을 여러 번 목격했다. 그때 조실스님이나 어른 스님들께서는 소참법문으로 시주나 단월에게 신심을 일으켜주셨다. 시주나 단월들은 '저희들은 세속 인연과 업장이 지중하여 이렇게 대중공양으로 대신합니다. 스님들께서는 이 시주물을 받으시고 하루속히 확철대오하여 모든 이를 제도하여 주십시오.'라고 발원한다.

대중이 이런 발원과 신심으로 공양을 올리므로 화살을 받는 심정으로 공양을 받아야 된다고 옛 조사들은 누누이 강조했다. 그렇게 결제 동안 모은 공양금과 사중에서 주는 보시금을 합산하여 해제 때 대중 숫자에 따라 나눈다.

사중이 넉넉하고 반연이 많은 구참 스님이나 유명한 선사가 대중 속에 있으면 자연히 해제비가 늘어난다. 대개 선방에서 공부하는 스님들은 해제비를 받아 6개월간 생활을 이어간다. 그러므로 삶이 청빈하지 않으면 살아가기가 여간 힘들지 않다. 심지어 반연이 없고 단월이 없는 가난한 선사는 그 해제비를 가지고 있다가 다음 철 대중공양비에 보태는 일도 비일비재하다.

이처럼 대중공양과 해제비는 선사들에게는 부담도 많이 되고 때론 해제비가 큰 도움이 된다. 다행히 근년에 수좌복지회가 생겨서 청빈하고 어렵게 공부하는 스님들께 큰 도움이 되고 있어 천만다행이다. 대중공양 해제비가 걱정 없는 날이 어서 오기를 기대해본다.

객스님과
여비

내가 살고 있는 보문사는 서울 상도동 국사봉 중턱에 있는 작은 절이다. 은사스님께서 창건하셨고 생전에 20년 가까이 열정을 바친 곳이라 의미있는 도량이다. 스님 입적 후 지금껏 주지 소임을 맡고 있는데 언제나 24시간 절 대문을 열어놓고 객실을 따로 마련하여 4~5개의 방을 개방하고 있다.

보문사 객실은 해제가 되면 늘 선객들로 붐빈다. 예전에는 한 철에 200명 정도의 선객이 머물렀으며 요즘도 매철 140~150명의 선객들이 다녀간다. 그래서 신도들과 마을 사람들로부터 농담으로 '중' 대장이 산다는 말을 듣고 산다.

해제하고 수좌들이 오면 잠자리, 차담, 별식 공양은 별것 아닌데 여비가 신경 쓰인다. 마음 같아서는 넉넉히 드리고 싶은데 사중에 여유가 없다보니 흔연하게 드리지 못해 늘 죄송하고 미안하다. 어느 때는 돈이 없어 선방시절부터 들어오던 보험을 해지했고 지리산 토굴을 팔아 스님들의 여비와 약값에 보탰다. 그래도 지금까지 후원 보살님들과 몇몇 단월들이 꾸준히 돕고 있어 큰 어려움 없이 꾸려가고 있다.

내가 이렇게 객실을 개방하고 살 수 있는 것은 워낙 선사들을 좋아하고 흠모하는 성격도 있지만 젊은 시절 부산 화엄사 객실에 살 때 객 대접과 중노릇하는 법을 심우스님에게서 보고 듣고 배웠기 때문이다.

객스님이 오신다는 것은 그 분의 삶과 수행과 지혜 그리고 과거와 현재, 미래가 온다는 것이다. 그러므로 우리는 객스님들에게 최선을 다하고 정성껏 모셔야 한다. 어느 때는 일주문에 나가 어떤 수좌가 오시나 기다릴 때가 한 두 번이 아니었다. 그런 마음과 심정은 아직도 여전하다 그 분들은 나에게 중노릇하는 법과 인생을 가르쳐 주시고 있기 때문이다. 오늘도 객실문을 열어 놓고 고요하고 담박한 선사를 기다려본다.

대중처소와 토굴살이

나는 일찍부터 '대중에서 제일 못 사는 스님이 토굴에서 제일 잘 사는 스님보다 낫다'는 말을 많이 들어왔다. 젊은 시절에는 이해를 못했는데 이제 와서 돌아보니 정말 실감이 난다.

대중처소에서는 잘못 살면 대중이 신장이 되어 경책하고 대중 속에서 수승한 사람이 있으면 귀감이 되어 존중하고 따른다. 그래서 절 집에는 옛날부터 하루 3번 예불과 하루 3번 공양만 제대로 해도 중노릇 잘한다는 말이 있다.

토굴에 살다보면 자유롭고 간섭하는 사람이 없어서 때로 몸이 불편하고 피곤하거나 누가 찾아오면 핑계 삼아 제때 예불과 공양을 놓치는 경우가 흔하다. 물론 근대 선지식 중에는 토굴에서 공부에 힘을 얻고 견성하신 분도 많다. 대표적인 선사 중에 성철스님, 청화스님, 혜암스님, 법전스님, 월인스님 등이 계신다. 그러므로 제대로 토굴에서 공부하려면 먼저 대중에서 공부에 힘을 얻어 이것이 마지막이라는 각오로 몸을 던졌을 때나 혹은 근기가 수승해 혼자서 공부를 지어갈 수 있고 계율이 철저하고 청정해야 토굴살이를 할 수 있다.

신심도 없고 근기도 약하고 계율이 청정하지 못한 사람은 토굴이 귀신굴이 되어 중노릇을 망치기 일쑤다. 될 수 있는 한 대중에 살되 특별히 공부에 힘을 얻었거나 병이 들어 대중에 공부가 방해가 되는 경우를 제외하고는 대중에 사는 것이 좋다. 부득이 토굴에 살 경우에도 큰 절 암자나 큰 절 주변 토굴에 살면서 대중의 보호와 적당한 감시를 받고 사는 것이 바람직스럽다.

근년에 대중을 떠나 속가집이나 아파트에 사는 스님들이 있다고 듣고 있다. 수행자로서 바람직하지 않다는 생각이 든다. 나같이 도시에서 소임을 살다 대중에 살아보니 대중처소가 바로 극락임을 실감한다. 대중처소를 떠나지 않고 사는 스님이 정말 복많은 스님이고 부럽다.

현실적인 여건상 누구나 대중처소에 다 살 수는 없다. 그러므로 토굴에 살더라도 가끔씩 대중에 나가 탁마를 받으면서 살고, 대중처소에 살면서도 가끔은 혼자서 토굴에 사는 것도 괜찮다는 생각이 든다. 단, 초심자는 반드시 먼저 대중에 살면서 습의를 익히고 중노릇하는 법을 배워야 한다. 요즘 연로한 노스님들을 대중처소에서 거의 볼 수 없어 조금은 서글프고 허전하다. 현실은 현실이다.

걸망에서 자동차 문화로

얼마 전 통도사로 결제하러 내려올 때 인연 있는 처사님 차로 도착했다. 짐을 정리하는데 절로 얼굴이 붉어지고 많이 부끄러웠다. 예전에는 한 걸망이면 충분하던 안거 짐 보따리가 큰 박스로 3개가 되니 왠지 창피했다. 유나스님에게 부끄럽다고 하니 요즘 그 정도는 적은 짐이라고 하면서 위로했다.

사실 동안거는 유달리 짐이 많다. 등산화, 운동화, 누비, 등산복, 가사, 발우, 내의, 책 등을 챙기다 보면 3~4박스는 보통이다. 그러다 보면 택배 내지 자동차로 이동할 수밖에 없고, 그래서인지 요즘 선방 스님들 대부분이 자동차를 몰고 결제를 온다.

여기 통도사 보광전에도 스님들 상당수가 자동차를 가지고 있는 것 같다. 나도 60이 다 되어 운전면허증을 따서 여러 번 연습도 하고 시도를 해봤지만 작은 사고를 경험한 후 운전을 포기하고 있다. 그래도 마음 갈등을 많이 하게 된다. 왜냐하면 운전을 직접 하지 않으면 누군가에게 신세를 져야 하기 때문이고, 운전하는 불편보다 운전을 하지 않음으로 인한 불편이 더 많기 때문이다.

또 스님들에게는 운전을 함으로써 드는 경제적인 비용도 만만치 않다. 수좌들의 수입은 대부분 해제비와 객비 정도이다. 그 수입마저도 일정하지 않기 때문에 항상 불안하다. 그래서 해제비가 많고 수용이 좋은 도량이나 선원이 인기가 높고 방부 들이기가 하늘에서 별 따기다. 아무리 정진 분위기가 좋고 도량이 좋아도 해제비가 약하면 인기가 없는 게 현실이다.

요즘 선원은 대부분 인맥방부이고, 화주능력이 있거나 이름 있는 선객은 방부에 어려움이 없으나 인연이 없고 화주능력이 없이 청빈하게 살아온 스님은 구참 수좌라도 방부가 어려운 것이 사실이다. 특히 내 주변에 인연 없이 곧게 살아온 선사들이 방부를 못 들이는 것을 보면 가슴이 아프고 안타깝다. 이처럼 걸망에서 자동차 문화로 변화되는 현실을 무시할 수도 취할 수도 없으니 그야말로 취부득사부득이다.

현실은 이렇게 냉엄하지만 그렇다고 크게 염려할 정도로 선원의 정진열기가 식지는 않았다. 신심이 깊고 공부에 대한 열정이 대단한 스님도 많고 정말 몸을 던져 공부하는 선사가 아직도 주류를 이루고 있다.

한 사람이라도 신심과 원력이 수승한 선사가 있으면 큰방의 공부 분위기를 주도하고, 공부 경쟁이 붙으면 큰방의 분위기는 공부열기로 가득 찬다. 아무리 세상이 변해도 아직도 선원에는 공부열기가 대단하고 보살행을 하는 선사가 많아 한국불교는 분명히 희망이 있다는 생각과 확신이 든다.

토굴의 아침

깔끔한 채소나물 보리밥 된장국

그리고 향긋한 녹차

기분마저 상쾌하다

도량에 핀 그린 듯한 장미꽃

아침 나절 한가로이 피어

참외 익는 단비 내리고

바람마저 시원하니

운수납자 사는 토굴

한가하고 시비 없네

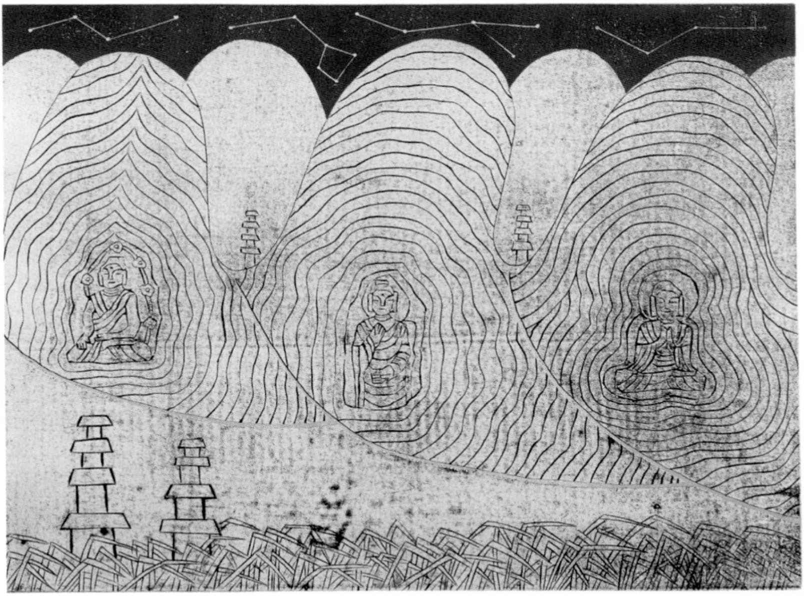

수좌들을 잘 외호한 스님들

예나 지금이나 잘 베푸는 사람 주변에는 항상 사람이 모이고 그 덕화가 꽃바람이 되어 전국을 감돈다.

80~90년대 우이동 보광사에 가면 아침공양 후 많은 선객들이 정일스님의 주변에 모인다. 스님은 공부점검 후 꼭 여비를 형편에 따라 후하게 주셨다. 언제 가도 분별없이 수좌들을 맞이하니 객스님과 수좌들이 정말 좋아했고 따랐다.

봉은사 주지를 맡으셨던 밀운스님을 빼놓을 수 없다. 늘 주지방을 개방해 놓고 수좌들을 맞이해 선객들이 많이 찾았던 곳이 봉은사이다. 수좌들의 약값, 병원비, 토굴비를 부탁하면 한 번도 거절하지 않고 베풀다보니 항상 선객들이 문전성시를 이루었다.

파계사 성전암에 계셨던 철웅스님도 선객들을 정말 좋아했고 가슴이 따뜻하여 많은 스님들이 존경했다. 언젠가 동화사에 살 때 대중 3~4명이 갔는데 막 누군가 놓고간 봉투를 그대로 주시며 약값에 보태 쓰라고 하셨다.

불국사 월산스님도 선객을 좋아하시어 공부를 점검하시고 맘에 들면 큰 봉투를 내놓으시며 선객들을 격려하고 경책하셨다.

80년대에는 성남 봉국사 혜성스님이 수좌들을 잘 모시고 편안하게 해주었다. 70~80년대 선객치고 성남 봉국사를 거쳐 가지 않은 스님이 없을 정도로 유명한 수좌들의 보금자리였다. 그런데 이젠 객실도 없어지고 스님들의 발길도 끊어졌다고 듣고 있어 왠지 가슴이 아프다.

80년대 중반 이후 대중외호를 잘 하는 분은 오대산 월정사 주지 정념스님이 아닌가 싶다. 상원사 청량선원을 다시 개원했고 월정사에도 선원을 새롭게 개원하여 선객들과 똑같이 좌복을 지키며 대중외호를 지극정성으로 하고 있다. 특히 구참 수좌들에 대한 배려와 정성이 대단하다고 들어 알고 있다. 늘 수좌들의 여비와 약값을 챙기고 멀리 있는 인연들에게도 대중공양을 꾸준히 보내는 것을 보노라면 전생에도 수행을 많이 한 스님이라는 생각이 든다.

90년대 이후에는 누가 뭐라 해도 신흥사 조실 오현스님을 빼놓고 이야기 할 수 없다. 특히 음력 9월 성준스님 추모제 때는 전국에서 스님들과 문학예술인 수백 명이 모여 축제가 된다. 여비와 함께 따로 봉투를 챙겨주셔서 후배스님들이 많은 도움을 받고 있다.

아무튼 선객들을 잘 모시는 스님 이야기를 듣고 있노라면 절로 기분이 좋다. 나도 그렇게 살고 싶지만 지어놓은 복이 없어서 생각처럼 베풀지 못하고 있다.

선원의 어제와 오늘

매순간 변하는 것이 세상의 이치다. 제방의 선원 역시 많은 변화가 이루어지고 있다. 80~90년대에는 인적 구성원이 20~30대가 주축을 이루었는데 지금은 50~60대가 주류를 이루고 있다. 출가 연령이 늦어지고 출가자가 적다보니 일어나는 자연적인 현상이다. 또 예전에는 법랍이 20년만 되어도 구참 소리를 들었는데 지금은 30년이 넘는 스님들도 많고 40년이 넘는 스님도 더러 계신다. 선원의 고령화를 실감한다.

그리고 선원의 정진시간이 많이 짧아졌다. 80~90년대에 하루 8시간 정진하는 곳은 거의 없었는데 지금 대부분 선원은 8~9시간이 주류를 이루고 있다. 요즘 간혹 봉암사나 동화사 선원 등에서 가행정진도 하지만 극소수이고 스님들이 별로 선호하지 않는다고 한다.

80~90년대에 고운사 선원에서는 동안거 때 100일 용맹정진을 했고, 해인사 퇴설당, 칠불사 선원, 동화사 선원, 봉암사 선원, 대승사 선원에서는 하루 12시간 이상 가행정진을 했다. 그

외에도 인연 따라 철 따라 용맹정진하는 도량이 많이 있었다.

그리고 삭발 목욕일 간격도 짧아지고 있다. 예전에는 거의 모든 선원이 보름에 한 번씩 삭발목욕을 했는데 지금은 봉암사, 송광사, 동화사 등 일부 선원을 제외하고는 대부분의 선원이 10일 단위로 삭발목욕을 하고 있다. 또 어떤 곳은 일주일에 한 번꼴로 삭발한다고 듣고 있다.

예전에는 차담을 매일 점심공양 후 대중이 함께 모여서 했는데 요즘은 각자 알아서 따로 하는 곳이 늘어나고 있는 추세다. 개인화에 따른 현상이 절집에도 반영된 것이다.

방사 역시 80~90년대는 소임자 외에는 개별 방이 없어 전 대중이 지대방에서 함께 모여 지냈다. 요즘 선방은 1인 1실 혹은 2인 1실이 대세다. 특히 1인 1실을 사용하는 대흥사, 화엄사, 상원사, 월정사 등이 인기가 있는 선원이다. 이처럼 1인 1실이 보장되고 수용이 좋고 해제비가 많은 곳은 방부 들이기가 하늘의 별 따기라는 씁쓸한 얘기가 공공연하게 들리고, 이런 이유로 통도사 선원, 정혜사 선원, 월정사 선원, 대흥사 선원, 화엄사 선원 등이 스님들이 선호하는 도량이다. 반면 봉암사처럼 정진 분위기가 좋아도 수용이 넉넉하지 않고 해제비가 적은 곳은 예전처럼 인기가 없는 것도 사실이다.

무릇 변하는 것은 세상의 이치다. 그래도 수용이나 해제비에 관계없이 올곧게 애써서 공부하는 담박한 선객도 많지 않은가 하면서 스스로 위로를 해본다. 선사의 길이 정말 아름답지만 결코 쉬운 길만은 아닌 것 같다.

선지식 없는 불교는 미래가 없다

지금 한국불교가 위기라고 이구동성으로 말하고 있다. 나아가 선불교 즉, 간화선의 위기라고도 말한다. 점점 불자 수가 줄어들 뿐만 아니라 고령화가 되고 있음도 피부로 느낄 수 있다.

일례로 전국의 모든 절에 초하루 법회 신도수가 줄어든다고 한다. 대부분 사찰 재정도 몇몇 대형 도시사찰을 제외하고는 고사 직전이라고 들었다. 그나마 제사나 천도재로 유지되고 있는 형편이다. 어떻게 하면 이 위기를 극복할 수 있을까 많은 생각을 해보게 된다.

내가 처음 절에 왔을 때만 해도 승속을 막론하고 존경받고 덕망 있는 선지식이 교계에 많았다. 불자와 국민들은 선지식을 존경하면서 가르침을 받고 따랐다. 대표적인 선지식으로 극락암 경봉스님, 성철스님, 구산스님, 서암스님, 서옹스님, 월산스님 그리고 태안사 청화스님 등 기라성같은 스승들이 계셨다. 그 분들이 거처하는 도량에는 항상 수행자와 불자들이 인산인해를 이루었다.

예를 들어 곡성 태안사 청화스님 도량에는 법회 때마다 전국에서 600~700명의 불자가 모여들었다. 스님, 행자, 거사님, 보살님들로 큰 장사진을 이루었다. 스님의 법문 한마디 한마디는 사람들에게 삶의 이정표가 되었다. 불자들 뿐만 아니라 많은 지식인들이 좋아하였고 불교의 큰 울타리가 되어 주셨다.

승가 역시 그때는 선지식의 가르침이 수행의 좌표가 되었다. 많은 수좌들이 선지식을 믿고 의지하면서 탁마를 받았다. 선지식들도 후배들을 아끼고 보호하면서 소참법문으로 자상하게 스님들을 제접했다. 해제가 되면 수좌들은 으레 선지식을 찾아가 한 철 동안의 공부를 점검 받고 경책 받으면서 공부를 알뜰하게 지어갔다.

당시만 해도 모든 선객들은 이러한 점검을 당연하게 여겼다. 그러나 언제부턴가 선원에는 선지식에 대한 불신이 만연하고 책을 의지하거나 자기 나름대로 공부하는 경향이 생겨났다. 왠지 정진 분위기도 예전 같지 않고 그저 수용이 좋은 곳

으로 가려고만 하고 있어 안타깝다. 분명 현재도 눈밝은 선지식이 주위에 계시고 존경할 만한 조실스님이 계시는데도 서로 내왕이 없고 불신 풍조가 있어 아쉽고 가슴 아프다.

하지만 선원의 분위기가 이전 같지 않다고는 해도 절망할 것은 아니다. 여전히 신심 있고 원력 있는 수좌들은 선지식을 의지하고 믿으면서 해제비와 수용에 관계없이 몸을 던져 공부에 임하고 있다.

그렇다. 진정한 선지식의 탁마 없이는 간화선의 중흥과 한국불교의 미래는 없다. 선지식의 죽비와 가르침이 절실한 시대다. 언젠가 반드시 눈밝은 선지식이 한국불교를 중흥시키고 간화선을 다시 꽃피우리라고 나는 확신한다.

3

서옹스님
서암스님
성철스님
월하스님

무여스님
고산스님
오현스님
적명스님

명정스님
통광스님
봉철스님
월용스님

선원을 지켜온 수좌들

인각스님
무문스님
법연스님
종안스님
고우스님

보선스님
현묵스님
의정스님
명진스님

영진스님
도오스님
철산스님

스님이 정진하시는
모습은 마치
한 마리 학이
깃털처럼 가볍게
앉아 있는 듯했다

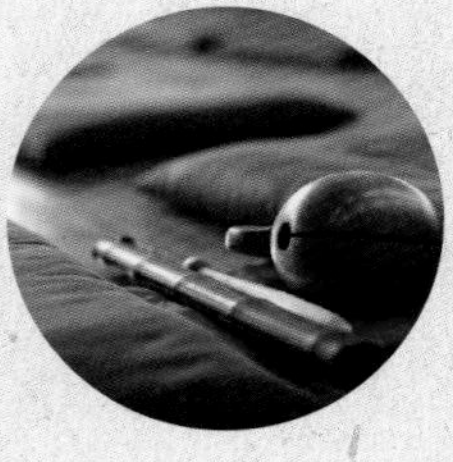

한 마리 학으로 날다

백양사 서옹스님

서옹스님에 대한 이야기는 출가 전부터 고향 근처 노스님께 듣고 있었다. 노스님은 호남에 3대 도인이 계시는데 송광사 구산스님, 다보사 우화스님 그리고 서옹스님이라 하면서 "근데 자네는 우화스님과 인연이 있네." 하시곤 했다. 출가 후 행자 때 불교신문에서 가끔 서옹스님에 대한 기사와 사진을 보고 고고한 수행자의 모습을 흠모하기도 했다.

80년대 초 만행 중에 도반스님들과 함께 서울 상도동 백운암을 찾아갔다. 사중 스님의 안내를 받아 서옹스님을 떨리는 마음으로 친견할 수 있었다. 큰스님을 직접 뵈니 얼굴은 동안이고 눈과 이마에서 맑은 광채가 났고 목소리는 천진하면서 고요했다. 내가 다보사에서 왔고 우화 노스님 손상좌라고 말씀드리니 반가워하시면서 화두 드는 법과 공부 지어가는 법을 자상히 말씀해 주셨다.

그러다가 1989년 고운사에서 동안거를 살고 있을 때 운문암 선원이 개원된다는 소식이 들렸다. 얘기를 듣는 순간 마음은 이미 서옹스님이 계시는 운문암에 가 있었다. 해제가 되어 몇몇 스님들로부터 운문암에 가서 살자는 연락이 왔다. 특히 당시 도감을 맡고 있던 일수스님이 연락을 해와 곧장 방부를 들였다.

1990년 초 봄을 지리산에서 보내고 그 해 여름 하안거를 지내기 위해 백양사를 찾았다. 당시 백양사에서 운문암까지는 차가 다니지 못했고 겨우 트럭만 어렵게 다닐 수 있었다. 석양에 큰 걸망을 메고 비자나무숲을 지나 설레는 마음으로 운문선원에 올라갔다. 이미 많은 스님들이 와 계셨는데 대부분 전에 함께 살았던 스님들이었다. 종성스님, 재우스님, 법웅스님, 황악스님, 동참스님, 성각스님, 원암스님들과 토굴에 철인스님, 정경스님 등 당시 젊은 스님들이 주류를 이루었다.

일수스님의 안내로 서옹스님께 인사를 드렸다. 스님은 차근차근 화두점검을 했는데 한마디 한마디가 단호하고 엄격했다. 서옹스님께서는 큰방에 직접 나와 대중과 함께 새벽아침 정진에 꼭 참석했다. 스님이 정진하시는 모습은 한 마리 학이 깃털처럼 가볍게 앉아 있는 듯했고 한 번도 졸거나 자세가 흐트러져 있는 모습을 보지 못했다. 공양은 3식을 하시면서 소식으로 일관했고 포행은 시간에 꼭 맞추어 혼자 혹은 스님들과 동행했다.

당시 80이 다 되셨어도 몸은 가볍고 민첩했다. 평소에는 천진하고 부드럽지만 공부의 기봉機鋒을 나투는 데는 준엄하고 엄격했다. 언젠가 큰절에 법회가 있을 때 스님이 상단법문을 하시는데 한 수좌가 신발 두 짝을 들고 치면서 법을 물었다. 스님께서는 크게 "아니야, 아니야!"라고 말했는데 그 목소리가 법당이 떠나갈 만큼 우렁차고 시원했다. 스님은 항상 대중과 소통하셨고 어떤 것을 물어도 그 자리에서 시원하게 대답하셨다.

서옹스님은 이후에도 선의 중흥을 위해 백양사 큰절에 선원을 개원하셨고 무차법회를 열어 선객들의 법거량을 통해 간화선을 널리 알리는데 힘썼다. 수행자들을 외호하는 데도 진력하셔서 대중 공양물이 떨어지기라도 하면 인연 있는 단월에게 전화해서 직접 부탁하는 모습도 여러 번 보았다.

일평생 꼿꼿한 수행자의 길을 걸어오신 스님은 2003년 12월 눈이 펄펄 날리는 어느 날 한 마리 학이 되어 백암산을 날아가셨다.

희양산의 노송

봉암사 서암스님

1981년 나주 다보사에서 초파일을 지내고 여름 결제를 지내기 위해 봉암사를 찾아갔다. 점촌 버스터미널에서 가은행 열차를 타고 가는데 주위는 온통 탄광이고 계곡에는 검푸른 잿빛의 석탄물이 흐르고 있었다.

가은역에서 내려 버스를 타고 봉암사 입구에 내리니 마을 어귀에서부터 희양산이 보였다. 석양에 비친 희양산은 힘이 있고 정말 아름다웠다. 지객스님의 안내로 객실로 가서 잠을 청하는데 잠이 오지 않아 뜬 눈으로 밤을 세웠다.

아침공양 종성을 듣고 공양간에 갔다. 이미 몇 분 스님들이 공양을 하고 있었다. 주지 도범스님, 정광스님, 야성스님, 화광스님, 법연스님, 보선스님, 법보스님, 신룡스님, 선견스님 등이 보였다. 먼저 주지실에 가서 방부인사를 드리니 반갑게 맞이해 주셔서 안심이 되었다. 지객스님의 안내로 서암 조실스님께 인사를 했다.

스님에게서는 옛 도인의 향기가 풍겼다. 서암스님은 같이 살게 되어 반갑다고 하시면서 공부하는 법과 화두 드는 법을 간절하게 일러주시고 직접 차를 따라주셨다. 왠지 가슴이 뭉클했고 선지식에 대한 신뢰가 들었다.

대중이 모여들고 조실스님의 증명 아래 봉암사 100일 용맹정진이 시작되었다. 입승은 화엄사 고봉스님, 청중은 보선, 철산스님이 맡아 힘들고 눈물겨운 27명의 용맹정진이 시작되었다. 특히 나는 관도, 신룡, 지수, 성만스님 등과 함께 제일 하판에 앉아 원없이 경책을 받고 장군죽비를 밤낮으로 맞으면서 버티고 감내하여 14명 스님과 함께 회향할 수 있었다.

초심자로서 100일 용맹정진을 원만하게 회향할 수 있었던 것은 서암 조실스님의 원력과 법력이 아닌가 하는 생각이 든다. 스님은 어떤 때는 아침저녁 정진에 함께 동참했고 낮에는 장군죽비를 들고 직접 경책을 하셨으며 늘 법력과 혜안으로 대중에게 감로법문을 들려주셨다. 누가 뭐래도 오늘의 봉암사는 서암스님의 원력으로 만들어진 수행도량이다.

가야산의 전설

해인사 성철스님

80년대 초 해인사 선열당 선방에 살 때 해인사는 노덕스님들이 많이 계셔서 중노릇하는 데 큰 도움이 되었다. 원당암에 혜암스님, 지족암에 일타스님 그리고 영월 노스님, 현호 노스님이 계셨고 조금 지나 법전스님도 오셨다. 선방에는 적명스님, 보광스님, 무여스님, 효광스님, 동호스님, 봉철스님, 천진스님, 원융스님 등 구참 스님들이 해인사에 많이 살았고 전체 선원 대중만 70여 명이 넘었다. 조사전에는 지효스님이 계셨고 선열당은 일반 정진으로, 퇴설당은 가행정진으로 수행열기가 뜨거웠다.

처음 성철스님을 친견한 곳은 선열당 큰방이었다. 큰스님께 대중 인사를 드리는데 첫인상이 너무나 강렬해서 마치 태산 같은 기운을 느꼈다. 82년도 하안거 입제식 때 해인사 대적광전에서 스님의 첫 법문을 들었다. 경상도 사투리에 말씀이 워낙 빨라 제대로 알아들을 수는 없었으나 무언가 가슴에 큰 울림이 왔다. 스님은 매달 그믐과 반결제 때도 어김없이 법문을 하셨는데 고준하고 힘 있는 법문은 법당을 꽉 메운 사부대중을 압도하고도 남았다. 용맹정진 때도 매일 오셔서 간절한 일구법문으로 대중을 경책하고 격려했다.

언젠가 성철스님께서 해제 법어를 하고 있는 중에 어느 수좌가 법거량을 했다. 그 때 스님께서는 "저 놈 집어 던져!" 하시면서 크게 혼을 내셨다. 법을 나투는 데는 인정사정없이 다루었고 기봉이 날카롭고 준엄했다. 큰스님 만년에도 잠깐 모시고 살았는데 몸이 몹시 불편하셔도 대중을 경책하시기 위해 눈 속에 가마를 타고 내려오셔서 "졸지 마, 졸지 마." 하시면서 경책과 자비를 함께 했다.

우리 시대의 영원한 스승 가야산 호랑이 성철스님은 단풍이 유달리 아름답게 물들었던 1993년 늦가을 많은 국민과 불자들의 애도 속에 가야산 너머로 붉게 떨어졌다.

큰스님, 부디 다시 오십시오.

영축산의 전설

통도사 월하스님

통도사 보광전 선원은 보궁 옆에 있는 역사가 50년이 넘는 고즈넉한 선원이다. 내가 처음 절에 왔을 때 보광전 선원은 아마도 조실인 월하스님과 사부대중이 함께 정진하지 않았나 싶다. 당시 통도사는 큰절에는 월하스님이 계셨고 극락암에는 경봉스님이 계셨다. 한 산중에 조실 두 분이 함께 상주하고 계셔서 좀 특이하게 느껴졌다.

나는 운이 좋아 젊은 날 세 철을 월하스님을 모시면서 함께 정진했다. 상단법문과 소참법문을 들으면서 공부했는데 가까이에서 스님을 지켜보면서 많은 감동을 받곤 했다.

94년도 동안거 결제 중이었다. 대중공사가 있었는데 스님께서 뭔가 마음이 불편하셨는지 "이번 동안거 대중은 다들 떠나시오." 하고 말씀하셨다. 놀란 전 대중이 가사를 입고 방장실에 들어가 참회를 하면서 한번 더 재고해달라고 청을 드렸다. 그때 스님께서 시원하게 말씀하셨다. "공 도리를 공부하는 수좌가 떠나라고 한다고 떠나는 것이 무슨 수좌냐!"

스님은 달밤에 통도사에 오셨다고 해서 구하스님께서 '월하'라고 법명을 지어주셨다고 들었다.

스님을 가까이 모시면서 느낀 점은 손자뻘 되는 어린 스님에게도 경어를 쓰셨고 방장실에 인사를 가면 문 앞까지 직접 나오셔서 전송하셨다. 노년에도 당신의 속내의와 양말을 직접 빨아 입으셨고 선물이나 공양물이 들어오면 남김없이 선원에 보내시는 것을 보고 들었다. 월하스님은 전국에서 상좌와 건당 상좌가 가장 많았고 어떤 스님이라도 수용하고 포용하셨다,

어린 시절 내가 보았던 월하스님은 영축산보다 높고 동해바다보다 깊은 안목과 덕을 갖추신 분이었다. 법문은 간단명료하면서도 울림이 있고 격외도리 법문을 자주 하셨다. 정말 내공과 선지가 뛰어난 이 시대의 선지식이었다는 생각이 든다.

평생 계율과 공심으로 종단과 통도사를 위해 헌신하던 스님은 삼동 어느 날 눈보라와 함께 영축산을 떠나셨다.

월하스님이 떠난 통도사는 어딘가 허전하고 쓸쓸하다. 오늘따라 월하스님이 방장실에서 뚜벅뚜벅 걸어나오시고 영축산이 춤을 추고 있는 것 같다.

달맞이

산사에 홀로 즐기는 달맞이

선원생활의 잔잔한 멋이다

보는 사람 아무도 없이

누비 걸치고 털모자 쓰고

늦가을 달 보러 왔다갔다

선방의 앞마당을 포행하다

찬 기운이 몸에 들어오면

큰방에 들어가 좌복에 앉으니

달빛이 문살 틈으로 피어난다

맑은 바람 밝은 달

이 모두를 즐길 수 있었던 수좌시절

다시 없는 소중한 하루가

달빛 따라 흘러가고 있다

수행자의 표상

축서사 무여스님

내가 처음 스님을 친견한 것은 80년대 초 도봉산 망월사이다. 선방 첫 철을 월명암에서 지냈고 다보사에서 보낸 후 망월사로 왔다. 망월사에 도착해 주지실에서 인사를 마치고 나와 보니 예전에 오래 살았던 도량처럼 친근했다. 산세와 풍광도 좋거니와 기운이 맑았다.

선방 문을 살짝 열고 들어가 보았다. 어간에서 한 선사가 좌복에 앉아 애를 쓰고 있었다. 오랜 수행에서 나오는 모습이 예사롭지 않았고 마치 조사어록에서 보는 도인 같았다.

아직 결제가 보름이나 남았는데도 망월사 지대방에는 젊은 선객들이 모여 있었다. 한 스님에게 "큰방에서 정진하는 스님이 누구냐?"고 물었다. 스님은 "무여스님이신데 선원장겸 죽비를 잡고 계시니 인사드려라."고 권했다. 약간 긴장은 되었지만 스님을 친견하고 싶어 가사를 입고 방문을 두드렸다. 안에서 조용한 목소리로 "들어오세요." 하시며 방문을 열어주어 정성을 다해 큰 절을 했다.

무여스님은 한참 동안 가만히 계시다가 고요한 목소리로 어디서 왔으며 본사와 은사를 물으시기에 큰소리로 대답했다. 스님의 얼굴은 희고 눈빛은 광채가 나면서도 자비스러웠고 목소리는 맑았다. 스님은 중노릇하는 법과 화두 지어가는 법을 조용하면서도 설득력 있게 들려주셨다. 너무나 공감이 되어 나중에는 눈물이 나기까지 했다.

스님은 평소 허리가 좋지 않으셨는데도 가행정진으로 좌복을 떠나지 않았다. 항상 화두를 들고 조용히 포행하면서 수좌의 진면목을 보여주셨다. 하루는 대중들이 유명한 복싱경기를 보느라고 저녁 정진에 참석하지 않았다. 한참 경기에 빠져 있는데 언제 오셨는지 스님께서 내려 오셔서 "정진하지 않으면 TV도 볼 수 없어요." 하고 전기 스위치를 내려버렸다. 자상하면서도 이처럼 단호했다. 나는 망월사 선원 시절부터 무여스님을 수행자로 깊이 존경했고 이후 해인사 퇴설당 선원에서 다시 만나 많은 가르침을 받았다.

만약 누군가 나에게 "이 시대에 가장 닮고 싶고 존경하는 스님이 누구냐?"고 묻는다면 주저없이 무여스님이라고 말할 것이다. 무엇보다 언행일치를 하고 계시기 때문이다. 비록 근년에 모시고 살지는 못해도 불어오는 소식을 통해 스님의 법문과 근황을 잘 알고 있다. 젊은 시절 무여스님을 모실 수 있어서 큰 복이라 생각한다. 해제가 되면 문수산 축서사로 달려가 인사드리고 싶다.

이 시대의 삼장법사

쌍계사 고산스님

2016년 동안거를 화엄사 선원에 살 때 쌍계사 주지 원정스님으로부터 고산 큰스님이 오셨다는 연락을 받고 구참 스님 몇 분과 함께 세배를 갔다. 오랜만에 스님을 뵈니 반갑기도 하지만 건강이 여의치 않으셔서 마음이 아팠다.

젊은 시절 쌍계사 금당선원에서 스님을 여러 해 모시고 살았다. 일상이 부지런하고 신심과 원력이 대단하셨다. 경전과 율에도 밝은 당대의 선지식이며 대중포교에도 힘을 쏟으셔서 많은 사찰을 건립, 중생들을 교화하는 일등 포교사셨다.

스님은 작년에 쓰러지신 후 오랜 투병 끝에 어느 정도 쾌차하셨다. 얼마전 해제를 맞이해 쌍계사에 오랜만에 내려오셨다. 스님 특유의 맑고 투명한 눈과 용안이 예전 같지 않았지만 카랑카랑한 목소리는 여전했다. 그날 우리들에게 육조단경을 나누어 주셨는데 병중에도 단경을 직접 교정하셔서 멋진 경전이 탄생했다.

방장실을 나오면서 가슴이 아팠다. 큰스님의 사대가 무너지고 있음을 보고 무상을 새삼 느꼈다. 아직 삼동이라 섬진강 바람이 차갑지만 화개골에는 조용히 봄이 오고 있다.

스님, 꽃피는 봄날에 꼭 일어나셔서 멋진 법문 들려주십시오.

설악산의 호랑이

백담사 오현스님

내가 백담사 무문관에 들어간 시기는 1999년 동안거 때다. 백담사 무문관 개원 이래 세 번째가 아닌가 생각이 든다. 당시 오현스님은 조실이 아닌 회주로 계셨는데 무문관에 들어가기 전 스님께 인사를 드렸다. 스님은 대중들에게 정진 잘 하기를 무언으로 당부하셨다.

그때만 해도 백담사 무문관은 모든 시설과 수용이 열악했다. 계곡의 물소리, 바람소리는 물론 옆방의 코고는 소리가 또렷이 들려오고 아무리 방 안 온도를 올려도 10도를 넘지 않았다. 해제가 되어 대중이 오현스님에게 인사를 드리니 국수 사드시고 오라고 넉넉히 보시를 주셨다.

다음 해 신흥사에 향성선원이 개원되어 첫 철을 지내던 중 갑자기 은사스님이 열반하셔서 서울 상도동 보문사 주지를 맡게 되었다. 도심포교도 중요하지만 결제 중에는 좌복을 떠나고 싶지 않아 다시 백담사 무문관을 찾아갔다. 조실이시던 오현스님이 반가이 맞아주셨고 그 해 겨울을 원도 한도 없이 눈

덮힌 설악산에서 최선을 다해 보냈다.

이후 영진스님이 유나로 있을 때 다시 백담사 무문관에 들어갔다. 마침 오현스님 옆방이라 그 추운 겨울을 스님의 숨소리를 들으면서 뜨겁게 보냈다. 해제를 하고 구참 스님들이 스님을 찾아가 인사드렸다. 한 수좌가 게송을 지어 올리니 잠깐 보시다가 던져버리고 "지범이는 게송이 없느냐."고 해서 가슴속에 품고 있던 게송을 올렸다. 잠깐 보시다가 "이것은 오도송이야." 하시면서 종이를 당신의 주머니에 넣고 일어서셨다.

오현스님을 생각하면 이 시대 최고의 원력보살이요 일체 상을 내려놓고 사는 선사다. 법문은 고준하면서도 활발발한 춤을 추고 대중의 심금을 울린다. 스님 주변에는 어렵고 힘들게 살아가는 스님들과 가난한 작가들이 많다. 스님이 가시는 곳에는 항상 대중이 구름처럼 모였다. 말 그대로 스님은 대한민국 거지들의 왕이요 포대화상 아닌가 싶다.

지금 설악산에는 향성선원, 무금선원 두 개의 선원과 기본선원이 잘 유지되고 있다. 모두 스님의 원력과 법력 아닌가 한다. 설악산에 오현스님 같은 선지식이 있어 날카롭고 거친 도량이 이제는 공부하는 선사들로 가득 찼고 백담골 가을 단풍도 예전보다 더 붉게 물들어가고 있다.

선사들의 대부

봉암사 적명스님

여러 철 선원에서 적명스님을 모시고 살았다. 스님은 젊은 날 우리들의 멘토로 예나 지금이나 수좌들의 대부이시다. 스님을 처음 뵌 곳은 나주 다보사였다. 어떤 수좌와 함께 객으로 오셨는데 기상이 탈속한 선사의 자태요, 눈에서는 맑은 광채가 빛나고 있었다. '선을 공부하면 저런 멋진 모습이 나오는구나' 생각하면서 새삼 참선에 대한 신심과 열정이 마음 속에서 솟아올랐다.

이후 82년 여름을 해인사 선원에서 보내고 있는데 그 해 겨울 적명스님이 해인사 선원장으로 오셨다. 스님은 3년 동안 해인사 선원에 계시면서 소임을 여법하게 이끌고 양산 내원사 비로토굴로 내려가셨다.

어느 날 불현듯 음료수를 짊어지고 토굴로 스님을 찾아갔다. 신발은 분명히 있는데 아무런 인기척이 없어 한참을 기다리다가 방문 앞에서 "스님, 주무십니까." 하니 한참 만에 스님이 나오시면서 "수좌가 화두를 놓고 낮잠을 잘 수 있나." 하시면서 반갑게 맞아 주셨다. 무심코 던진 이야기지만 그 말씀이 마음에 꽂혀 30년이 지난 지금까지 가슴에 새기고 있다.

세월이 흘러 스님은 기기암에서 10년 가까이 지내시다가 문경 봉암사 수좌로 오셔서 많은 선객들을 제접하며 탁마하고 계신다. 적명스님은 누가 뭐래도 내 가슴 속에 언제나 피어나는 멋진 매화꽃이다.

극락암의 천진미소

통도사 명정스님

지난 음력 10월 30일 통도사 설법전에서 율주 해남스님을 법사로 모시고 장엄하게 포살을 마쳤다. 극락암에서 삽삼조사재가 있어 올라갔다. 극락암은 지난 1985년 겨울을 살고 35여 년 만에 처음 갔는데 그 동안 선방이 새로 들어섰고 명정스님 거처도 새롭게 지어진 것 같았다.

스님께 인사를 드리려고 방에 들어갔는데 스님은 안 계시고 도감 관행스님이 반갑게 맞이해 주었다. 벽에 걸려 있는 사진 속에 경봉 노스님과 명정 스님이 담소를 나누는 모습이 정겹고 옛 추억을 되살려 놓았다.

명정스님은 본래 선객과 도반을 좋아하고 챙기기로 유명했다. 운동을 즐겨 축구, 탁구, 바둑 등 어떤 것도 좋아하시지만 지기를 싫어해 끝장을 내고 마는 승부사이다. 그러면서 인정이 많고 의리가 있어 나이를 초월하여 젊은 스님들과 잘 어울리며 천진스럽기 그지없다. 스님은 특별히 학문을 공부한 것도 아닌데 경봉 노사 어깨너머로 배운 학문과 글에 대한 안목이 뛰어나 경봉스님의 어록과 편지를 번역하여 출판하기도 하셨다.

예전에 극락선원에 살 때는 경봉 큰스님 열반 후였기 때문에 왠지 적적하고 허전했는데 지금은 의외로 신도와 관람객이 붐비고 절 살림이 조금은 넉넉해졌다는 생각이 들었다.

스님을 모시고 살 때는 스님도 나도 젊어서 같이 축구나 탁구를 자주 하곤 했다. 이젠 연로하셔서 건강이 좋지 않아 병원에 계신다는 소리를 들으니 가슴이 아프다. 스님의 천진미소를 볼 수가 없어서 아쉽게 발걸음을 돌리면서 기원했다.

스님, 빨리 일어나세요. 탁구 한 게임 합시다.

지리산의 전설

칠불사 통광스님

1988년 지리산 칠불사에서 여름을 보냈다. 칠불사에서 보낸 시간은 정말 내 인생의 전환기였다. 거칠고 정처없이 헤매던 자신을 고요하게 가라앉히고 수행에 매진할 수 있었다.

그 때 칠불사 주지 스님은 통광스님이었고 한창 중창불사가 마무리되고 있었다. 도처에서 불도저 소리가 들려오고 도량이 조금 산만했지만 신심 깊은 통광스님과 대중 스님들의 이해로 잘 살았다.

그러던 어느 날 대중 스님들의 오해로 큰방에서 공사가 벌어졌다. 나는 반대했으나 대중공사는 열렸고 통광스님은 대중 앞에서 눈물을 흘리면서 참회를 했다. 가슴이 아팠다. '저렇게 신심과 원력 있는 스님도 이렇게 참회를 하시는구나' 하면서 스님을 더 존경하고 따랐다. 공사 후 오해가 밝혀지면서 대중 스님들은 통광 스님께 일일이 찾아가서 참회를 했다.

통광스님은 항상 대중스님을 아끼고 외호했다. 주지스님 방을 항상 열어놓았고, 후학들이 공부를 물으면 논리정연하고 상세히 설명을 잘해 주셨던 명강사요 수좌였다. 대중스님 외호는 전국 최고로 일컬어졌고 수좌로서의 자부심이 굉장했다. 이런 통광스님의 배려로 나는 젊은 날 이 곳에서 몸과 마음을 던져 살 수 있었고 좋은 도반들을 만났다.

내가 칠불선원에 처음 갔을 때만 해도 지금 운상선원 옆 소나무 사이에 낡은 선원이 있었고 나중에 운상선원이 개원되었다. 통광스님 계실 때는 칠불선원이 전국에서 방부 들이기 어려운 선원이었고 발심 납자들이 모여 가행정진 잘 하기로 유명한 도량이었다.

관묵스님, 무여스님, 혜국스님, 천진스님, 월성스님 등 이 시대의 선지식들이 거쳐 갔고 나중에 일타스님, 지옹스님 등 많은 스님들이 공부에 애를 쓰셨다. 특히 송광사 유나 현묵스님은 칠불선원에서 10년 넘게 묵언정진하면서 좌복에서 몸을 던졌다. 이렇게 많은 근대의 선지식을 배출한 칠불선원이 지금은 예전 같지 않아 왠지 가슴이 아리다.

언젠가 지나다가 칠불사에 들렀다. 스님은 안 계시고 온 도량이 허전했다. 통광스님, 저희들이 스님의 가르침이 꽃피우도록 열심히 살겠습니다.

소백산 숨은 도인

봉철스님

내가 절에 온 지 얼마 안 되었을 때부터 봉철스님에 관한 이야기를 지대방에서 자주 들었다. 83년도 봄 산철을 문경 봉암사에서 살고 있는데 입승 스님이 봉철스님과 고우스님이 봉암사에 오셨다고 했다. 객실에 가보니 스님은 벌써 여러 대중과 법담 아닌 법담을 나누고 있었다.

봉철스님은 첫인상에 체구는 작지만 눈빛이 범상치 않았다. 듣던 대로 욕을 잘하고 격외도리가 터지는 무애도인처럼 보였다. 이후로도 제방에서 봉철스님에 대한 기행과 무애행을 듣던 차에 한번 찾아뵙기로 마음먹고 어느 가을날 마음을 내어 소백산에 있는 성혈사를 물어물어 찾아갔다.

스님은 절에 안 계셨다. 성혈사는 법당과 요사체, 객실 등이 각기 좀 멀리 떨어져 있는 아름답고 정겨운 도량이었다. 비구니스님의 안내로 객실에서 여장을 풀고 법당 앞에서 포행하고 있는데 대뜸 한 스님이 나타나 "어떤 놈이냐." 하며 내 다리 밑으로 손을 넣어 나를 업어치기로 넘기려고 비호처럼 달려들었다. 나도 순간적으로 몸을 피하면서 스님을 들어올렸다. 그러자 스님은 “됐다. 내가 봉철이다.” 하며 손수 나를 방으로 안내하셨다.

스님은 한동안 본인의 수행담과 공부경계를 말씀하셨다. 정말 재미있었고 신심이 났다. 남다른 기행으로 많이 알려져 있어서 그렇지 실제 내공이 상당해 보여 스님에 대한 신뢰감이 더해졌다.

밤늦게 객실로 넘어와 맛있는 곡차를 주시면서 “잘 처먹어라.” 하시는데 그 말도 정겹게 들렸다. 다음 날 아침 사부대중 7~8명이 발우공양을 했다. 떠나는 내 손에 여비를 쥐어주시면서 “해제하면 자주 와라, 이번 동안거에 꼭 일을 마쳐라.” 하며 눈시울을 붉히셨다. 스님은 풍기 냉면집에 전화를 해두고는 꼭 들러서 맛있는 것 많이 먹고 가라고 당부했다. 스님의 후배 사랑에 눈시울이 뜨거워졌다.

지금도 가끔 신심이 약해지면 봉철스님이 들려주신 수행담과 무용담을 되새기고 있다. 지금 스님이 안 계시는 소백산은 쓸쓸하고 허전하다.

이 시대의 풍운아

월용스님

월용스님은 70~90년대 선원 지대방에서 가장 화젯거리가 많은 인물 중 한 분이다. 스님을 처음 뵌 곳은 80년대 초 동화사 금당선원이었다.

어느 날 객실에 있는데 키가 크고 덩치가 좋으면서 눈이 부리부리한 스님이 들어서자마자 "어이 젊은 스님, 나 따라가세." 하면서 동화사 아래 어느 식당으로 데리고 갔다. 그 때까지 먹어보지 못한 곡차와 안주를 시켜놓고 이야기를 펼쳤다.

스님은 법명이 월용이라 했다. 월용스님은 오대산 상원사 간첩사건 때 겪은 경험담, 문둥이 촌에 가서 살았던 무용담 등을 어린 나에게 2시간 가량 들려주면서 즐거워했다. 그때 나는 '참 수좌들은 알 수가 없구나. 세상에 이런 스님도 계시는구나' 하면서 얘기를 들었고 그렇게 헤어졌다.

그런데 스님과의 인연은 계속되어 통도사 보광전, 천안 광덕사, 설악산 신흥사, 우이동 보광사, 서울 봉은사에서 다시 만났다. 스님은 2~3일 만행하고 탁발해서 모은 돈으로 멋지게

회포를 풀기도 했다. 워낙 발이 넓고 임기응변이 뛰어나 언제 어디서나 돈을 만들고 풍류를 즐기는 스님이었다. 내가 기기암에 살 때는 직접 찾아와서 대중공양비를 주시고 여러 스님들께 음식공양을 하셨다.

월용스님은 순발력과 상황판단이 빨랐고 시간 관리와 몸 관리에도 철저했다. 늦게까지 곡차를 마셔도 새벽 2시에 꼭 일어나 좌선을 하고 아침공양에 참석했다. 운동을 게을리하지 않았으며 늘 포행하고 요가를 즐겼다. 스님이 토굴가를 부르면 서글프면서도 신심이 났다. 월용스님은 경제적으로 여유있는 스님에게 어떻게든 돈을 얻어내어 어려운 사람과 힘든 사람에게 베풀었고 법문도 곧잘 하셔서 불자들의 가슴을 시원하게 만들었다.

경허스님의 토굴가를 쓸쓸하게 부르던 월용스님은 이제 떠났다. 다시 볼 수 없지만 그 분의 행적은 나의 가슴에 깊이 새겨져 있다.

기기암의 생불

인각스님

1997년 여름을 지리산에서 보내고 다가올 겨울은 팔공산 기기암에서 지내기로 했다. 큰 걸망을 메고 은해사에서 십 리 길을 걸어 기기암으로 올라갔다.

팔공산 중턱에 자리한 기기암은 아담하면서도 도량이 깨끗하고 정리정돈이 잘 되어 있었다. 노스님이 계시길래 방부를 물으니 본인이 주지라고 소개했다. 바로 인각스님이었다. 스님은 흔연히 같이 살자고 허락하며 손수 방을 안내해 주셨다.

지금 돌아보니 스님을 모시고 살았던 3년이 신심도 나고 참 재미있었다. 방부도 내게 맡기셨고 입승도 도맡아 보았다. 해제비가 부족하면 재를 지내 보태주시고 후원에서 완벽하게 뒷바라지를 해주어 휴암스님의 공백에도 항상 여유가 있었고 도량이 편안했다. 당시 스님은 70세가 다 된 연배임에도 늘 도량 청소, 기도, 불공, 채전 가꾸기를 손수 하셨다. 내가 만난 최고의 주지요 수행자였다.

기기암은 선원으로서 도량도 좋았지만 무엇보다 인각스님

의 수행자로서의 품위와 덕화가 나를 감동시켰다. 지금은 많이 연로하셔서 모든 소임을 다 놓고 어느 절 뒷방에서 정진하신다는 소식을 전해 들었다. 인각스님 같은 분을 두고 우리는 살아있는 부처라 해도 될 것이다.

수좌계의 전설

무문스님

1990년대 중반인가 해인사 선원에 방부를 들이고 결제를 위해 갔다. 원융스님과 구참 스님들이 이번 철에 죽비를 잡으라고 해서 밤새 고민하다가 방을 짜기 직전 걸망을 메고 나왔다.

진주에서 하루를 묵으면서 '어디로 갈까' 생각 끝에 지리산 덕산에 있는 정각사 선원에 도착하여 방부를 청하니 무문 선덕스님이 방부가 마감되었다며 미안하다고 하셨다. 두 말 않고 택시를 불러 타고 마곡사 선원으로 달렸다.

당시 마곡사는 선객들을 좋아하고 대중외호 잘 하기로 알려진 능엄스님이 주지로 있었다. 그 때 마침 방을 짜기 직전이라 능엄스님께 한 철 모시고 살겠다고 하니 스님도 "지범스님, 잘 왔소. 함께 삽시다." 하며 좋아하셨다. 나보다 더 늦게 봉암사에 갔던 법웅스님이 마곡사로 오셔서 죽비를 잡고 그해 여름을 태화산 마곡사에서 시원하게 보낸 기억이 난다.

몇 년 지나 기기암 선원에서 죽비를 잡고 지객 소임을 맡고 있을 때 무문스님이 직접 오셔서 방부를 청했다. 이전에 정각사 선원에서 방부를 못들인 생각이 머리를 스쳐가며 "선덕스님 잘 오셨네요. 저희들이 잘 모시고 살겠습니다." 하며 흔쾌히 모셨다. 그 해 겨울 진철스님도 함께 보낸 기억이 난다.

무문스님은 듣던 대로 항상 좌복을 여의지 않고 화두일구로 목숨을 던지고 수행하는 선사였다. 그 때 스님을 모신 것을 항상 자랑스럽게 생각하고 행운이었다는 생각이 든다. 지금 스님은 봉암사 원로선원에 계신다고 들었다. 봉암사는 무문스님, 연관스님, 대성스님, 원웅스님, 진허스님, 법연스님 등 당대의 큰 선지식들이 계셔서 가히 수좌들의 본고향이라는 생각이 든다.

무문스님, 늘 청안하시고 봉암사에 가서 모시고 살겠습니다.

희양산 불사조

백련암 법연스님

봉암사 서당선원 뒤로 용추계곡을 따라 소나무향 내음을 만끽하면서 올라가면 옥석대가 나오고 오른편으로 10분 남짓 올라가면 아담한 한옥 토굴이 나온다. 근 반세기 동안 희양산 봉암사와 생사고락을 함께 한 법연스님이 주석하는 백련암이다.

법연스님은 봉암사에서 도감스님으로 통한다. 50여 년간 희양산에 계시면서 봉암사의 대소사를 맡아온 그야말로 봉암사 스님이요 만년 도감이다. 스님은 선원 스님들의 크고 작은 일들을 도맡아 해결하셨고 81년도 100일 용맹정진 할 때도 뒤에서 묵묵히 대중을 돌봐주셨다. 오늘날 봉암사가 종립선원으로서의 기반과 기틀을 잡는데 스님의 손길과 정성이 깃들지 않은 곳이 없다.

스님은 늘 하심하고 단 한 번도 화를 낸 적이 없으시다. 언제나 맑은 미소를 잃지 않고 있으니 전 대중이 좋아하고 따랐다. 결제 중 가끔 백련암에 올라가보면 늘 좌복에 앉아 애쓰는 스님의 모습을 오랫동안 지켜보게 된다. 맛있는 차를 내놓으시는 스님과 함께 담소를 나누다보면 타고난 수행자라는 것을 온 몸으로 느끼곤 했다. 시절 따라 조실스님이나 대중은 가고 옴이 있으나 백련암 법연스님은 가고 옴이 없다는 생각을 하산 길에 자주 했다.

언제나 법연스님처럼 살고 싶고 닮고 싶어도 마음대로 안 된다. 멀리 영축산에서 희양산을 생각하니 눈보라를 맞으면서 백련암 법연스님이 뚜벅뚜벅 점심 공양하러 걸어내려오는 것 같다. 스님, 눈길 조심조심 내려오세요.

청빈고고의 표상

화엄사 종안스님

지리산 쌍계사 금당선원은 84년 봄에 개원된 선원이다. 개원 당시에는 육조정상탑 좌우로 동당, 서당에서 각각 정진했고 이후 서당에서 다함께 정진한 걸로 기억된다.

평소 쌍계사에 계셨던 상묵스님과 인연이 있어 찾아갔다가 봄 산철을 한다기에 동방장에 거주하는 종안스님께 방부를 들였고 통도사 성현스님이 죽비를 잡고 지냈다.

봄날의 쌍계사는 상춘객이 붐비고 매화, 벚꽃, 개나리꽃이 만개해서 정말 봄 같은 봄을 만끽하고 살았다. 그때만 해도 우리는 젊었기 때문에 그 화려한 봄날에 좌복을 지키기가 여간 힘들지 않았다. 그렇지만 종안스님은 노구에도 불구하고 매일 일종식을 하면서 좌복을 떠나지 않고 용맹정진으로 밤을 새우고는 했다. 그러시면서 본인이 살아온 이야기를 들려주시는데 스님의 이야기는 너무 생생하고 감동적이었다.

스님께서는 속가에 사시다가 좀 늦게 출가하셨다고 한다. 반야봉 아래 묘향대에 살 때 속가에 두고 온 어린 두 아들이 출가한 아버지 스님이 보고 싶어 눈보라치는 반야봉을 넘어 묘향대 근처에서 헤매다가 같이 끌어 안고 얼어 죽었다는 이야기를 하시면서 눈물을 흘리는 종안 노스님. 그 자리에서 얘기를 듣던 우리도 함께 울었다.

스님은 모든 일에 하심하셨고 말씀 한마디 한마디는 절실하고 간절했다. 항상 좌복을 떠나지 않고 여선에는 도량청소와 포행으로 보냈으며 승복은 늘 깔끔하게 풀을 해서 말쑥하게 입고 다니셨다. 지금은 우리 곁에 안 계시지만 종안선사 같은 청빈한 스님이 그립다.

태백산 노송

각화사 고우스님

고우스님은 일찍부터 적명스님과 함께 우리 수좌들 사이에 선객들의 대부이다. 젊은 날 봉암사 주지를 맡아 오늘의 봉암사 종립선원을 만드는데 큰 힘이 되셨다.

이후 각화사 서암에 계실 때는 찾아오는 수좌와 재가자들에게 화두일구 수행을 일러주시고 여선에는 서장과 선요를 공부하도록 권하셨다. 항상 미소를 잃지 않고 자상하게 선 공부의 진수를 알려주려 애쓰셨다. 근년에는 노구의 몸으로 선의 대중화에 앞장섰던 수좌계의 대표 스님으로 선교를 두루 갖춘 선사이다.

고우스님과는 전부터 인연이 있었고 평소 존경하던 스님이라 각화사에 살면서 서암에 가서 두 철을 탁마 받으면서 공부했다. 스님은 언제 찾아가도 흔연히 반겨주며 화두와 선요, 서장 이야기로 3~4시간, 어떤 때는 하루 종일 법문을 들려 주셨다.

스님은 평생 동아일보를 구독하면서 세상과 소통하고 늘 양손에 어록과 경전이 함께 했다. 성품이 소탈하면서 담백해서 남녀노소 승속을 막론하고 차별없이 선 공부 이야기로 꽃을 피웠다. 십여 년 전 보문사에서 선사법회가 있어 전화를 드렸는데 스님께서 흔연히 오셔서 멋진 선법문을 해 주셨다. 많은 분들이 스님의 체험에서 나오는 솔직한 법문에 매료되었다.

이처럼 고령에도 활발하게 선의 대중화에 열정을 불태우시던 중 근년에 몸이 좀 편찮다는 소식이 들려서 가슴이 아프다. 빨리 쾌유하시어 명쾌하고 시원한 선사의 일구를 듣고 싶다.

서산대사 후신

대흥사 보선스님

1980년 봄, 절에 와서 얼마 안 되어 선운사 도솔암에서 보선스님을 처음 뵈었는데 첫인상이 참 좋았다. 스님은 봉암사에서 동안거를 지내고 만행차 선운사에 오신 것 같았다. 이후 스님과 나는 81년 하안거에 다시 문경 봉암사에서 만나 100일 용맹정진을 함께 했다. 그 해 스님은 청중 소임을 맡아 입승 스님을 보좌하면서 대중을 잘 이끌고 보살펴 많은 스님들이 따랐다. 특히 젊은 수좌들이 스님의 조용한 카리스마와 온 몸에서 배어 나오는 납자의 선풍을 흠모했다.

보선스님은 특유의 친화력과 논리정연한 언변으로 용맹정진에서 발생하는 여러 문제들을 일시에 정리하곤 했다. 뜨거웠던 그 해 여름 100일 용맹정진이 원만하고 여법하게 회향할 수 있었던 것은 보선스님의 신심과 원력 덕분 아닌가 하는 생각이 든다. 스님과의 인연은 끊어지지 않고 다시 강진 백련사 선원에서 84년도 하안거를 지냈다.

이후 스님은 대흥사 주지를 역임하시고 선방에 다시 나오셔서 마곡사, 백담사 무문관을 거쳐 대흥사 회주로 후학을 제접하고 계신다. 2006년 겨울 30년 만에 큰방에서 다시 만나 동국선원에서 함께 보냈다. 정진도 건강도 예전 못지않게 잘 관리하고 계시고 말없는 특유의 카리스마도 여전해서 좋았다. 친화력이 뛰어나고 언제 봐도 고향형님 같은 스님이시다.

얼마 전 통도사 화엄법회 법사로 초청되어 오셔서 통도사 유나스님, 입승스님 등과 함께 보선스님에게 인사를 갔다. 방에는 대중들로 꽉 차 있었다. 평소 덕을 쌓고 대흥사 선원을 잘 이끌고 계시니 인연 있는 분들이 많이 오셨다. 돌아보면 20대 청년 시절 만나 이렇게 60이 넘어서도 만날 수 있으니 보선스님과의 인연은 깊고도 소중하다.

보리암의 가을 달빛

진주라 천 리 길
남해대교 건너 뛰어
보리암 염불소리
온 산에 두루 넘실
만추晩秋에 밝은 달이
보리암을 감고 있네
가을 바다 고깃배는
어디론가 사라지고
관세음보살 정근 소리
염불삼매 만들었네
듣는 놈이 누구냐고
본래 면목 물었더니
파도소리 왈
'빈 배에 달빛만 가득 싣고 들어온다'고

묵언수좌

칠불사 현묵스님

현묵스님을 부를 때 묵스님 또는 묵언스님이라고 부른다. 스님은 칠불사 선원에서 11년 동안 묵언하면서 위법망구의 정신으로 공부하셨다. 강산이 바뀐다는 긴 시간을 묵언으로 오로지 좌복에서 화두일구에 매진하는 스님을 보고 있노라면 가슴이 시리고 아팠다.

스님은 항상 여법하게 살면서 선사의 가풍을 유감없이 보여주었다. 자비심이 넘쳐 대중을 위해 모든 공양을 아낌없이 보시했고 매사 귀감이 되었다.

스님과는 인연이 깊어 대자암 무문관, 상원사 선원, 수도암 선원에서 정말 좋은 젊은 시절을 같이 보냈다. 생사고락을 함께 하며 형님처럼 의지했고 모든 점에서 닮고 싶은 스님이다. 특히 칠불사 선원에 살 때 새벽정진이 끝나면 같이 문수전에 가서 지친 몸으로 참회하고 발원하고 많은 절을 하면서 살았다.

지금도 가끔 힘들고 신심이 떨어지면 스님을 생각한다. 스님은 나에게 젊은 날은 물론이고 지금도 중노릇 하는 데 큰 힘이 되고 있다.

임진년 하안거 때 현묵스님이 편지를 보내오셨다.

스님, 항상 넉넉한 마음으로 포교와 정진하는 모습이 흐뭇하고 좋아 보입니다. 늘 청안하시고 만나 뵐 때까지 여일하시길 축원합니다. 靑靑

임진년 하안거 산사에서 합장

늘 잊지 않고 탁마와 경책을 하시는데 제대로 안부도 못드리고 산다. 모든 허물이 나에게 있는 것 같다. 봄날이 오면 현묵스님이 계시는 송광사로 달려가고 싶다.

원력보살

용문사 의정스님

1988년도 가을 산철을 의정스님과 지리산 칠불사 운상선원에서 함께 지냈다. 그 때는 젊고 힘이 있었고 몸과 마음을 화두일구에 던지고 살던 때라 지금 생각해도 좋은 시절이었다. 30년 전 그 시절로 돌아가고 싶지만 이젠 갈 수가 없다.

밤 10시에 가행정진을 끝내고 큰절에 내려가 절을 하고 다시 선원으로 올라오면 밤 12시. 운상선원 옆 노송 사이로 달빛이 선원에 스며드는 그 시각 조용히 선방 문을 열었더니 웬일인가. 거의 모든 대중이 좌복에 앉아 정진하고 있었다. 그렇게 신심 나고 아름다운 가을을 의정스님과 함께 했다.

요즘 의정스님은 수좌회 대표와 수좌복지회 이사장을 맡아 열정을 쏟고 있다. 수좌외호라는 중요한 업무를 잘 이끌고 계신다고 듣고 있다. 하지만 스님은 30년 전이나 지금이나 천상 전생의 수행자요, 참 깔끔하고 올곧은 수좌스님이다. 그래서 믿음이 가고 안심이 된다. 의정스님의 신심과 원력이 중심이 되어 수좌복지회가 만들어졌고 잘 운영되고 있는 것을 보아도 알 수 있다. 주변에 어렵고 몸이 아픈 스님들이 복지회의 혜택을 받고 있다는 소식을 들으면 마음이 훈훈하다.

해제가 되면 가끔 의정스님이 있는 상원사에 가서 차담도 나누면서 좋은 시간을 보낸다. 인정도 많고 영혼이 정말 따뜻한 선배다. 척박한 이 시대에 의정스님 같은 원력 있고 자비가 넘치는 스님이 계셔서 참 든든하다. 수좌복지회가 잘 되기를 기대하고 잘 되리라 확신한다.

봉암사를 사랑한 수좌

명진스님

언젠가 명진스님과 동안거를 함께 지낼 때였다. "스님, 봉암사에 몇 철째 사십니까?" 하고 물었더니 21번째라고 말씀하셨다. 본인의 안거 기간 중 절반 넘게 봉암사에 살면서 대중과 함께 생사고락을 함께 한 말 그대로 봉암사 수좌다.

오늘의 종립선원 봉암사를 일구기까지는 여러 사람의 공로가 있지만 명진스님의 신심과 원력도 어떤 사람 못지않게 크다고 본다. 스님은 83년도에 수경스님과 함께 전국 방방곡곡에서 서명을 받아 봉암사가 국립공원화 되는 것을 막았다. 이어 산문을 폐쇄하고 수행처소로 만든 것도 명진스님이 앞장서서 이루어냈다.

종회에 가서 봉암사 예산을 증액하는 데도 힘을 보태었으며 기본급도 안 되는 봉암사 해제비도 명진스님이 봉은사 계실 때 원력으로 3개월간 해제비가 100만원으로 증액되었다. 아마도 명진스님은 전생에 봉암사에 많이 사셨고 봉암사에 큰 빚이 있는가 하고 생각해본다.

명진스님과 같이 살아보면 인물도 출중하지만 기억력과 언변이 수승해 항상 주변에 대중이 모이고 즐거워한다. 본인이 갖고 있는 모든 것을 다 내어놓고 회향하는 것을 보노라면 포대화상을 보는 것 같다. 서울 봉은사에서 지내서인지 찾아오는 신도와 반연이 많고 간간이 정치인들도 찾아와서 대중공양하는 것을 보기도 했다.

스님을 생각하면 가슴이 쓰릴 때가 많다. 지난 가을 조계사 앞에서 18일간 단식하실 때 잠깐 들러 손을 잡아드렸다. 물론 종단에는 다양한 목소리가 필요하고 때론 명진스님 같은 쓴소리도 경청해야 한다. 하지만 우리의 치부를 세상에 너무 드러내는 것도 옳은 일은 아니다.

명진스님, 이제 스님께서 그토록 사랑하고 좋아하는 봉암사로 돌아오십시오. 희양산이 기다리고 있습니다.

백담사의 청백가풍

백담사 영진스님

설악산 초입 용대리에서 내려 다시 10리 길 계곡을 따라 올라가면 산세가 수려하고 기암절벽 사이로 간간이 단풍나무와 노송이 어우러진 백담계곡이 나타난다. 계곡을 지나 시원하게 드러나는 백담사는 설악의 맑은 기운이 서려 있는 청정수행도량이다.

백담사에는 수좌들이 치열하게 공부하는 무문관 선원과, 강원이나 승가대학을 거치지 않고 바로 실참실구하는 기본선원이 있다. 요즘은 기본선원 스님들이 무문관 스님들을 밤낮으로 시봉하고 있는데 예전에는 사중에서 맡았다. 득우스님이 주지로 있을 때는 스님이 직접 지게를 지고 시봉하면서 몸을 아끼지 않았다.

지금은 선객들 사이에 신사로 불리는 영진스님이 무문관과 기본선원의 유나를 맡아 여법하게 정성껏 대중 외호를 하고 있어 많은 선객들이 살고 싶어 하는 수행처소로 거듭났다. 이처럼 백담사 무문관과 기본선원이 훌륭한 수행처소로 만들어진 것은 조실 오현스님의 신심과 원력 그리고 영진스님의 수행력이 아닌가 한다.

영진스님은 오랜 수행에서 나오는 안목과 선지가 수승해 항상 합리적이고 투명하게 일처리를 한다. 남녀노소 누구에게나 차별 없이 따뜻한 가슴으로 안아주니 모든 사람들이 좋아하는 이 시대의 수승한 스님이다.

스님과 인연이 깊어 여러 철을 모시면서 가까이 지냈는데 배울 점이 한두 가지가 아니었다. 지난 봄 해제 때 보문사에 오셔서 '육조단경' 강의를 하셨는데 법문이 간결하면서도 신심이 났다. 영진스님을 생각하면 왠지 시원하고 기분이 좋다. 다시 한번 백담사 무문관에 입방하여 일대사를 해결하고 싶다.

영축산의 송죽

극락암 도오스님

도오스님은 일찍이 십대 후반에 통도사 극락암 경봉스님 문하에 출가하여 제방 선원에서 45년 해제결제 없이 올곧게 살아온 수좌이다. 해인사, 칠불사, 봉암사, 동화사 선원에서 두루 정진하셨다.

나는 도오스님과 인연이 지중하여 여러 철을 제방에 모시고 살았으며 스님의 수행정진을 가까이서 지켜봤다. 스님은 평소에 늘 말이 없으시고 보기와는 달리 동작이 민첩하다. 정진할 때는 미동도 않고 졸지도 않고 화두에 몸을 던지는 절구통 수좌다. 특히 눈이 맑고 영롱하며 결제 중에는 어떤 일이 있어도 산문 밖을 나가지 않고 좌복을 지키는 스님이다.

평소 과묵하지만 대중이 지나치게 법도에 어긋날 때는 용납하지 않는다. 이십 오년 전 칠불선원에 살 때 젊은 수좌가 주지스님께 예의없이 행동하는 것을 보고 대중공사를 벌려 참회시키는 것을 봤다. 공사가 벌어지면 꼭 필요한 말씀만 하시고 항상 분위기를 정진하는 쪽으로 만들곤 했다.

스님의 공부는 항상 치열해 해제결제 없이 좌복에서 몸을 던졌다. 지금도 입산출가한 통도사 극락암에서 20년 넘게 선덕으로 있으면서 해제철에는 꼭 다른 제방에 가서 산철정진을 하고 오신다.

도오스님은 누가 뭐래도 한국 수좌계의 살아있는 역사다. 영축산은 도오스님 같은 분이 있어서 늘 푸르고 든든하다.

변산의 잣나무

내소사 철산스님

철산스님은 70년대 변산반도 내소사 지장암에 계시는 당대의 선지식 혜안 노사에게 출가하여 제방에서 공부하다가 지금은 내소사 선원을 개원하여 20년 넘게 젊은 수좌들을 제접하고 있다. 성품이 온화하고 자비가 넘쳐 많은 사람들이 보살이라 부른다.

스님과의 인연은 81년도 하안거 때 봉암사 100일 용맹정진을 함께 했다. 스님은 청중 소임을 맡아 입승이신 고봉스님과 대중스님들을 신심과 자비심으로 외호하면서 어려운 고비고비를 지혜롭게 넘겨 멋진 회향을 할 수 있었다.

당시 입승스님이 용맹스럽고 기가 넘쳐 가끔 대중과 부딪치는 일이 있었는데 어느새 철산스님이 자비로 헤쳐나가는 모습을 보노라면 '이 분이 보현보살의 화신 아닌가' 하는 생각이 들었다. 요즘 간간히 들려오기로 스님께서는 세계만행을 하시다가 결제 때 들어오셔서 좌복을 지킨다고 한다. 어린 시절 중노릇하는 수좌는 이렇게 살아야 한다고 몸소 보여주신 철산스님을 생각하면 신심이 나고 다시 모시고 살고픈 생각이 든다.

간간히 만행 중에 변산 내소사에 들러 스님을 뵙고자 해도 인연이 없어 만나지 못하다가 지난 가을 만나서 인사도 드리고 차도 마셨다. 선사들은 말년에도 철산스님처럼 대중에 살면서 좌복을 떠나지 않고 사는 모습이 참 좋다.

4

벽담스님
심우스님
일수스님
지근스님

정묵스님
원타스님
관도스님
대진스님
영일스님

보목스님
보설스님
정만스님
효담스님
원중스님
종걸스님

지혜스님
지수스님
설우스님
도정스님
종표스님

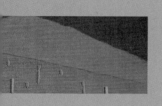

선원은 살아 있다

철산스님
신룡스님
함현스님
원인스님

철안스님
정념스님
법웅스님
서강스님
수웅스님
호성스님

금산스님
범현스님
허허당스님
해운스님

우송스님
돈수스님

계곡 건너 한적한 토굴
청빈고고하게 살던 노스님
어디론가 떠나버렸네
함께 차를 나누던 툇마루
그대로인데
산 중턱에 산벚꽃이
한창이네

신심 충만

성전암 벽담스님

성전암은 예로부터 영남 3대 수행성지 중 하나이다. 입적하신 철웅노사가 30년 넘게 머물면서 많은 수좌들과 선남선녀를 제접한 유서 깊은 도량이고 성철스님도 10년간 철조망을 치고 치열하게 공부했던 선객들의 마음의 고향이다.

근년에는 신심제일 벽담스님이 도량을 일신하고 10여 명의 수좌들을 외호하고 제접하고 있다. 스님이 여러 번 함께 살자고 연락을 주셨는데 차일피일 미루다보니 송구스럽다.

스님은 예전에는 법현스님이라고 불렸다. 벽담스님과 인연은 1983년 여름 해인사 선열당 선원이다. 그 때 스님은 냉병으로 몸이 무척 허약해져 있었다. 삼복더위에 겨울 누비를 입고 있으면서도 춥다 하면서 간병실을 전전했다.

그러던 어느 날 스님께서 나를 찾아와 "아무래도 내가 얼마 못가서 죽을 것 같아. 내 손을 잡고 법당에 데려가 줘. 부처님께 절이라도 한번 하고 싶네. 다음 생을 기약하게." 스님을 부축해서 법당으로 갔다. 스님은 부처님 전에 엎드려 눈물을 흘리면서 참회하셨다. '아, 세상에 이런 수행자가 있구나' 하며 나도 돌아서서 많이 울었다. 벽담스님은 그 철을 어렵사리 신심과 대중의 도움으로 회향하고 아쉬운 이별을 했다.

이후 스님을 다시 해인사, 상원사 선원에서 모시고 살았던 기억이 난다. 이제 70이 다 되셨어도 얼굴은 동안이고 눈빛은 맑고 자비스럽다. 벽담스님을 생각하면 신심이 불뚝 솟아난다. 정말 존경하는 수좌요 수행자다.

진귀암 도인

심우스님

지리산 산청에 진귀암이란 암자가 있다. 그곳에서는 매년 안거가 되면 4~5명의 납자가 무문관 수행을 하고 시봉은 주지 심우스님이 직접 하신다. 나도 10년 전에 진귀암에서 스님과 한 철을 보냈다. 은사스님 입적 후 처음 주지를 맡아 적응하지 못하고 불규칙한 생활로 인해 과로로 쓰러져 회복할 무렵 스님을 만나 진귀암에서 공부하고 건강한 모습으로 돌아올 수 있었다.

내가 심우스님을 처음 뵌 곳은 성남 봉국사다. 당시 봉국사는 선방스님들의 정거장이요 쉼터였다. 스님은 부산 광안리에 화엄사를 창건해 많은 수좌들을 시봉하고 격려하면서 제방에 나가서 철도 지내곤 했다.

봉국사에서 스친 인연으로 나도 화엄사 식구가 되어 10년 동안 내 토굴처럼 정을 붙이고 주인 노릇도 하면서 지냈다. 때로 공양주가 없을 때는 스님이 손수 밥을 짓고 차를 대접하면서 대중시봉을 정성껏 했다. 거기에 드나들던 모든 스님이 주인으로 살았다. 심우스님은 늘 하심하고 배려하면서 젊은 스님들에게 자비를 베풀었고 중노릇하는 법을 소리없이 보여주었다.

스님과 함께 한 10년은 참 낭만적이고 추억이 많았던 시절이다. 세월이 흘러 스님은 산청에 무문관을 개원하여 여전히 정성을 다해 대중을 시봉하고 있다. 그때 화엄사를 드나들던 스님들 역시 제방의 어른 스님이 되어 후학들을 지도하고 계신다. 심우스님과 함께 한 10년이 밑거름이 되어 나도 상도동 보문사에 객실을 개방하여 미력하지만 스님들을 시봉하고 있지 않나 하는 생각이 든다. 심우스님은 나에게 하심과 보살행의 길을 무언으로 가르켜 준 선지식이다.

할 수좌

백양사 일수스님

일수스님을 1982년 해인사에서 만나 헤어진 후 7~8년 만에 곡성 태안사 청화스님 회상에서 함께 지냈다. 스님께서 입승 소임을 보셨는데 신심과 선지로써 대중의 귀감이 되었다.

스님은 항상 좌복을 떠나지 않고 화두일구에 몸을 던졌다. 늘 후배들을 챙기고 공부하는 사람을 보호해주는 보살이었다. 지대방은 항상 웃음꽃이 피어나고 공부 이야기로 진지했다. 이후 일수스님은 서옹스님와 함께 운문선원을 개원해서 어려운 살림 속에서 대중 외호를 빈틈없이 하셨다.

그 때만 해도 운문선원은 차가 다니는 길이 없어 대중이 공양물을 지게로 지고 올라갔다. 서옹스님은 공양물이 떨어지면 인연 있는 단월에게 연락해서 시주를 받아 정성껏 대중을 받들었다. 그 때 나는 서옹노사와 일수스님 덕분에 한철 내내 지대방에 가지 않고 동중공부를 하면서 멋진 여름을 지낸 것 같다.

일수스님은 신심이 깊고 수좌로서 자부심과 긍지가 대단하며 기상이 출중하다. 늘 하심하면서 보살심이 깊어 사부대중이 따르고 좋아한다. 스님은 열악한 운문선원 재정에도 늘 선사들을 외호하고 따뜻하게 보살핀다. 그러면서도 화두일구 공부에 대한 열정이 깊고 이따금씩 보여주는 선지는 대중을 울린다.

지조와 절개

지근스님

지근스님을 처음 만난 곳은 85년 겨울 해인사 선원이다. 스님은 통도사 벽안 노스님께 출가하여 해인 강원을 졸업하고 일찍이 선원에 오서서 40년 동안 화두일구로 살아온 담백하고 지조 있는 수좌다.

스님은 오대산을 특별히 좋아해 오대산 상원사, 북대, 서대, 월정사 선원에서 근 25년 동안 좌복을 떠나지 않고 있다. 해제가 되면 세계 곳곳을 걸망 하나로 만행하는데 스님이 모르는 장소나 사람이 없을 정도로 두루 해박하고 기억력과 지혜가 남다르다. 겉으로 보이는 모습과 달리 스님의 삶은 의외로 담백하고 투명하다. 심중에 의리가 깊어 힘들거나 어려운 납자를 보면 남모르게 자비를 나눈다.

스님과는 인연이 깊어 부산 화엄사 토굴에서 10년 동안 해제가 되면 만나서 고락을 함께 했다. 그때 만났던 스님들이 정묵스님, 대오스님, 지근스님, 서강스님, 도법스님, 심우스님 등이다. 그런데 부산 화엄사 토굴인연들은 30년이 넘게 지나도

록 아직까지 단 한 사람도 선원을 떠난 수좌가 없다. 얼마전 지근스님을 오랜만에 통도사 입구 법우스님 토굴에서 만나 밥도 먹고 차도 마셨다. 화엄사 토굴시절이 정말 그리워진다.

지난 봄 지근스님이 법우스님 편에 본인이 직접 찍은 히말라야 사진을 보내왔다. 기상이 있고 정열적이어서 보문사 갤러리에 걸어 놓았는데 모든 이들이 좋아한다. 스님은 통이 크고 정이 깊어 인연 있는 모든 선사들이 좋아하는 구참 선객이다. 지금 지근스님은 눈덮인 오대산 선원에서 화두삼매에 빠져 있겠다.

사바 생불

직지사 정묵스님

정묵스님은 일찍이 10대에 출가하여 그 때부터 제방선원을 주야장천 섭수했다. 한 때 직지사 선원장으로 모셨으나 그것도 한 철만에 던져버리고 진귀암 무문관, 극락암, 성륜사, 통도사 극락선원을 거쳐 이번 동안거를 법주사 선원에서 정진중이다.

스님을 처음 뵌 것은 해인사 선원이었다. 첫 인상이 딱 선사라는 생각이 들었다. 이후 스님은 군대를 갔다 와서 여러 제방을 다니다가 진귀암 무문관에서 고락을 함께 했다. 이전부터 부산광안리 화엄사에서 해제가 되면 만나 인연을 이어왔다.

정묵스님의 수행 이력은 눈물겹고 처절하다. 40대에 제주도 남국선원 무문관에서 2년 동안 꼼짝 않고 목숨을 던져 화두와 싸웠다. 이후 백담사 무문관, 진귀암 무문관에서 각고의 수행을 한 선사 중의 선사다. 어릴 때 우리는 정묵스님을 '사바생불', '리틀성철'이라고 불렀다. 스님의 별명처럼 언젠가는 스님께서 법을 널리 펴고 큰 회상에서 후학을 제접할 때가 있으리라는 생각이 든다.

스님은 정도 깊고 의리의 사나이답게 주위의 어렵고 힘든 스님을 많이 보살핀다. 그러면서 아직까지 토굴 하나 없이 해제 때에도 꼭 선방에 머물면서 화두일구로 사는 모습을 보노라면 신심과 존경심이 절로 난다. 오직 화두 속에 살다 화두 속에 죽는 우리 시대 수좌의 표상이다.

얼마전 결제 중 녹원스님이 직지사에서 열반하시어 유나스님, 선덕스님과 함께 문상을 가서 정묵스님을 오랜만에 만났다. 꼿꼿한 수좌의 기상과 내공이 여전했다. 오랜 수행의 힘이 아닌가 하는 생각이 든다. 정묵스님 같은 분이 우리 선원을 지키고 있어 든든하고 큰 힘이 된다.

정묵스님, 산중에만 머물지 마시고 이따금 나오셔서 스님의 활구법문을 듣고 싶습니다.

원만보신

해인사 원타스님

원타스님은 일찍이 10대에 해인사 성철스님 문하에 출가하여 큰스님을 시봉했다. 이후 제방에서 참선하다가 군을 제대하고 해인사 선원에서 만나 여러 해를 함께 정진한 스님이다. 인정과 의리가 넘쳐 스님들의 대소사에 빠지지 않고 끝까지 남아 힘든 일을 도맡아 감내하는 보살이다.

스님이 해인사에서 원주나 삼직 소임을 볼 때 가서 보면 항상 주위에 대중이 모여들었다. 성품이 온화하여 어렵고 몸이 아픈 선사들은 꼭 챙겼다. 봉암사 주지를 연임하면서 합리적으로 살림을 꾸려 어른 스님들과 도반, 후배스님들의 칭송을 받았다.

원타스님에게는 고마움과 함께 마음의 빚이 많다. 젊은 날 해인사 선방에 살 때 스님이 원주를 맡고 있었다. 도반이나 후배스님들이 툭 하면 신부락에 가서 공양하고 와서 영수증을 내미는데도 한 번도 거절하지 않고 웃는 얼굴로 처리하는 것을 여러 번 보았다. 정 많고 도량 넓은 보살이다.

스님과는 인연이 깊어 제방에서 뿐만 아니라 사적으로 자주 만나곤 했다. 개인적으로 은사스님 열반 49재 부도탑 제막에도 동참하셨고 많은 신세를 진 것 같다.

근자에 스님은 해인사 선원 유나 소임을 맡아 큰방에서 정진하고 있다고 들었다. 머지않아 해인사 선원이 다시 수행의 꽃을 피우리라고 확신한다.

말뚝수좌

관도스님

관도스님은 참 일찍 봉암사에서 만나 지금도 인연이 이어지고 있는 좋은 도반이다. 초창기 선원시절 망월사, 봉암사, 해인사에서 함께 살았고 특히 봉암사에서는 100일 용맹정진을 함께 했다. 평소 말이 없고 좌복에 앉으면 미동도 않는 말뚝수좌다.

스님은 어린 10대에 발심출가하여 선방에 다니다가 잠시 강원에서 경을 보고 다시 선방으로 왔다. 꼼짝도 않고 좌복에서 애쓰는 모습을 보며 전생에 공부를 많이 했구나 하는 생각을 하곤 했다.

스님은 해인사 선원에서 유나를 하다가 지금 봉은사에서 참선지도를 하고 있다. 어릴 때 함께 정진했던 스님들 대부분이 선방을 떠나지 않고 구참 스님으로 대중의 모범이 되어 선원을 이끌어가고 있어 고맙다. 젊은 시절 함께 공부했던 도반들이 오늘 따라 뵙고 싶고 그리워진다.

사불산 부루나존자

대승사 대진스님

대진스님은 좀 늦게 만났지만 나에게는 소중한 인연이다. 1995년 하안거 때 봉암사에서 만나 그 해 여름을 대진스님 덕분에 신심있게 살았고 이후 동화사 금당선원에서도 함께 공부했다.

스님은 일찍이 김천 직지사에 출가하여 관응 노스님께 경을 배웠다. 이후 직지사 강원 강주를 하다가 참선공부에 뜻을 두어 첫 철을 봉암사로 오셨는데 왠지 범상치 않았다. 눈은 맑으면서 영롱하고 평소 말이 없지만 입을 열면 논리적이면서 재담이 넘쳤다.

대진스님은 은연중에 나에게도 경을 볼 것을 권했다. 아마 지금 내가 책을 보고 글을 쓸 수 있는 인연은 대진스님의 영향이 아닌가 하는 생각이 든다. 스님은 그때 조실스님 시봉을 했는데 우리는 살아온 이야기를 주고 받으며 밤을 지새우곤 했다.

내가 상도동 보문사 주지로 온 후 대진스님은 몇 차례의 법문과 보시로 많은 도움을 주었다. 스님의 '금강경산림법회'에는 항상 사부대중이 성황을 이루었다. 스님은 금강경 강의를 준비하는 일 주일 내내 보문사 일주문 밖을 나가지 않았다. 오직 경과 사전만 가지고 밤낮 독송하면서 법문 준비하는 모습을 보고 참 대단하다는 생각을 했다. 그래서인지 스님의 강의는 대중의 가슴을 울렸고 많은 불자들이 흠모했다. 초창기에는 200명이 넘는 대중이 모여 법당이 환희심으로 넘쳤던 기억이 난다.

근래에 스님은 문경 대승사 선원을 맡아 대중을 외호하면서 간간히 법문도 나오신다고 듣고 있다. 다시 한번 대진스님의 금강경 강의를 듣고 싶다.

영축산 솔향기

통도사 영일스님

80년대 후반 희양산 봉암사에서 영일스님을 처음 만났다. 첫 인상이 맑고 선하면서 지적이었다. 스님은 통도사에 출가하여 강원을 졸업하고 강사 소임을 맡았다. 이후 선방에 나와 30년 넘게 청풍납자로 전국 제방을 섭수하다가 지금은 통도사 유나로 선원을 여법하게 이끌고 있다.

스님은 선에 대한 긍지와 자부심이 출중하다. 어렵고 가난한 수좌들에게 여비와 잠자리를 제공하며 해제철에는 보광전을 개방하여 스님들의 편의를 돌봐주고 있다. 오갈 데가 딱히 없는 선객스님들을 정성껏 살피는 것을 보노라면 관세음보살의 후신이 아닌가 하는 생각이 든다. 한 선사의 신심과 원력이 통도사 선원을 멋지고 여법하게 만드는 것 같아 절로 존경심이 일어난다.

예전에는 보문사에 들러 신도들에게 '초발심자경문'을 강의해준 인연도 있다. 그때 스님 강의가 논리정연하고 선적이며 가슴이 따뜻한 스님이라는 인상을 받았다.

특히 이번 철에 다시 만나 함께 정진하고 포행도 하고 차도 마시면서 지내보니 정말 상이 없고 도량이 넓고 공심이 가득한 스님이다. 선원에 나온 이래 30년 동안 한 철도 빠지지 않고 좌복을 지키는 것을 보면 전생에도 많이 수행한 스님이라는 생각이 든다. 총림 선원의 유나 소임을 보면서도 큰소리 한번 나지 않고 물 흐르듯 선방이 돌아가는 것을 보니 조용한 카리스마와 정진력이 출중한 것 같다. 영축총림에서 공부할 수 있도록 인연을 만들어준 영일스님에게 고마움을 전한다.

보현보살의 후신

지리산 보목스님

보목스님은 예전에는 현수스님이라 했다. 스님을 생각하면 왠지 기분이 좋고 맑고 시원한 바람이 부는 느낌이다. 얼굴은 희고 밝은 미소가 떠나지 않으며 눈에서는 광채가 나는 정말 존경하고 좋아하는 선사다.

스님과의 인연은 오래 되고 깊다. 80년대 초 해인사에서 스님을 처음 만났다. 이후 기기암에서 몇 철을 함께 보내고 대자암 무문관, 백담사 무문관에서 젊음을 불사르며 목숨 걸고 공부했던 도반이다.

특히 대자암과 백담사 무문관에서는 바로 옆방에 살았다. 그 때 벽 하나를 사이에 두고 죽도록 애를 쓰는 모습을 느끼고 호흡하면서 살아서인지 지금도 스님을 생각하면 가슴이 아프고 눈물이 난다. 평생 좌복을 떠나지 않고 화두 하나에 매달려 살아온 스님이다.

보목스님은 어디서건 말이 없고 밀행으로 대중의 모범이 되었다. 늘 하심하면서 공부에 애를 쓰니 사부대중이 다 좋아한다. 특히 목소리가 맑고 아름다워 새벽 도량석을 하면 모든 수좌들이 환희심을 냈다.

은해사 기기암에 살 때였다. 가을이면 산에 올라가 이따금씩 송이를 따오는데 어찌나 솜씨가 좋은지 금세 한 발우씩을 따와 대중공양을 내곤 했다. 언제나 궂은일을 마다하지 않고 소리없이 상없이 살아가는 모습은 대중들의 귀감이었다.

언젠가 스님이 선운사 참당암에 계실 때 인연 있는 신도들과 함께 공양을 갔다. 좋아하시면서도 쑥쓰러워하던 모습이 아직도 생생하다. 스님은 평소 허리가 안 좋아 힘들어했는데 회복이 되었는지 궁금하다.

스님, 다음 철에는 어디에 계시든 꼭 찾아뵙겠습니다.

남도만행

진달래 피고
두견새 우는 봄날에
누군가가 올 것 같다
가슴을 열고 기다려본다
비록 기다리는 선사는 오지 않아도
지루하고 답답하지 않으니
마냥 두견새 소리나 듣고 있지 않고
간단히 걸망 들쳐 메고
지리산 섬진강으로
화엄사 쌍계사 칠불사를 거쳐
보리암 참배하고 돌아서면
외롭고 허전한 마음 빈 곳에
어느새 생기가 가득 자리 잡네

고고한 학의 자태

보설스님

보설스님과 첫 인연은 80년대 초 해인사에서 만났다. 스님은 당시 강원에 계셨고 나는 선열당 선원에서 살았지만 괜히 남 같지 않았다. 이후 스님은 선원에 오셔서 근 35년 동안 결제해제 없이 좌복을 떠나지 않고 있다. 특히 지리산 칠불사 운상선원에서 3년 결사를 여법하게 회향하고 전국 제방을 섭렵하고 있는 이 시대에 대표적인 선교율을 다 갖춘 선객이다.

나와는 인연이 깊어 해인사, 봉암사, 칠불사 선원 등에서 여러 철을 함께 살았는데 옆에서 공부하는 모습을 지켜보노라면 한 마리 학이 가볍게 좌복에 앉아 있는 것 같이 아름답고 거룩하다. 스님은 시간관념이 투철하고 항상 신심과 원력으로 여법하게 살아오셔서 보설스님을 따르는 후배스님과 도반이 많아 한때 보설사단이라 할 정도로 명성을 떨쳤다.

예전에는 해제 때 보문사에 가끔 오셔서 탁마도 해주셨는데 한동안 걸음이 없으시다. 보설스님, 내가 잘못 살고 있다면 예전처럼 경책도 해주시고 죽비공양도 올려주십시오.

어느 날 풀 먹인 빳빳한 광목 두루마기를 날리며 맑은 얼굴에 키 큰 선사가 걸망 메고 학처럼 사뿐사뿐 걸어온다면 분명 보설스님일 것이다. 대문을 활짝 열고 기다려보자.

태안사의 사슴

정만스님

정만스님과의 인연은 30년이 넘는다. 1986년 봄 각화사에서 처음 만났고 이후에도 법흥사와 태안사에서 종종 재회했다. 스님은 태안사 명적암에서 3년 묵언정진을 했는데 그 모습이 선한 사슴과 같았다. 맑고 영롱한 눈빛을 지닌 스님은 늘 수행자의 품위와 절제를 간직하고 있다.

언젠가 정만스님이 은사스님을 모시고 미국으로 떠난 적이 있다. 3년 결사를 마치고 한국에 돌아온 그는 폐결핵을 앓았다. 목포 요양병원에 입원해 병마와 싸우며 힘든 시간을 이겨내야 했다. 몸과 마음이 지쳐 있던 스님은 내가 사는 기기암에 방부를 들여 함께 지냈고 이후 내가 처음 주지를 맡은 보문사로 함께 와 지냈다. 건강을 회복한 지금 스님은 해제결제 없이 선방에서 정진하신다.

얼마 전 정만스님의 어머니 49재 때 도반스님들과 함께 다녀왔다. 문중 도반스님들과 스님의 인연들 모두 참석한 자리였다. 스님은 정과 의리가 깊어 신세 진 스님에게는 흔연히 보답하고, 아프거나 힘든 스님과 신도를 그냥 보내거나 지나치는 법이 없다. 내가 지금까지 대중처소를 떠나지 않고 선방에서 꾸준히 공부할 수 있었던 것도 정만스님 같은 수행자 덕택이라는 생각이 든다.

가야산의 지조

해인사 효담스님

내가 효담스님을 처음 만난 곳은 90년대 초 태안사 선원이다. 스님은 해인사에서 강원을 졸업하자마자 일대사를 해결하기 위해 도반과 함께 선원으로 왔다. 키도 크고 목소리도 좋았지만 얼굴이 희고 미남형에다가 기개와 기상이 출중했다. 요가를 좋아하고 좌복에 앉으면 미동도 않아 첫 철인데도 모든 것이 범상치 않았다.

태안사는 구산선문의 하나이고 전강노사가 오도한 유수한 수행터다. 동리산은 많이 높지는 않지만 산행길이 좋고 은근히 힘이 있어 포행하기 좋았다. 그 해 겨울은 법웅스님이 죽비를 잡았고 태욱스님, 효담스님, 지각스님 등 좋은 도반들과 신심나는 겨울을 보냈다.

그때는 젊은 시절이라 저녁 9시 방선 후 압록까지 포행 갔다가 돌아오면 밤 12시가 되었는데도 아무도 피곤해 하지 않았다. 섬진강을 따라 달빛을 보면서 누더기 자락을 휘날리며 화두 하나에 몸을 던졌던 그 시절이 그립다. 그런데 이상하게도 그 해 방함록에 우리 태안사 대중이 실리지 못했다. 좀 아쉬웠지만 태욱스님의 수행력과 대중스님의 원력으로 재미있고 의미있는 겨울을 보낸 것 같다.

이후 90년대 중반 태백산 각화사에 살러 올라갔더니 태안사에서 함께 보낸 그 잘 생긴 미남스님이 먼저 와서 살고 있었다. 바로 효담스님이었다. 내가 죽비를 잡고 효담스님이 보좌해주어 북암의 철인스님, 남암의 초삼스님, 동암의 자경스님, 서암의 고우스님 등 구참 선사들을 모시고 태백산을 주야장천 누비면서 그 여름을 참 재미있게 애를 쓰면서 살았다.

효담스님은 이후에도 각화사가 좋아 오랫동안 태백산에 머물다가 지금은 해인사에서 선원장 소임을 맡고 있다고 들었다. 가야산 홍류동 입구에 벚꽃이 만발한 어느 봄날 소나무 향기를 맡으며 해인사 선원으로 가서 효담스님을 만나고 싶다.

좌복에 죽고 좌복에 살다

원중스님

원중스님을 처음 만난 곳은 1989년 고운사 100일 용맹정진 때다. 이후 1990년대 중반 해운정사에서 봄 산철을 같이 지냈고 몇 년 지나 봉암사에서 여러 철을 지냈다.

스님은 90년대 이후 대승사, 각화사, 봉암사에서 용맹정진을 주도했다. 특히 봉암사에 오래 살면서 가행정진과 용맹정진으로 대중의 수행을 이끄는 이 시대의 가장 애쓰는 수좌 중 한 분이시다. 스님이 가는 곳은 일시에 정진 분위기가 달라져 말그대로 '좌복에 죽고 좌복에 사는' 납자 중의 납자이다. 당연히 주변에는 스님을 흠모하는 후배들이 많아 항상 함께 공부하려 한다.

원중스님을 생각하면 가슴이 저려온다. 좌복을 떠나지 않고 오랫동안 일종식으로 버티다보니 몸은 마를 대로 말라 가늘고 늘 허리가 아프면서도 내색 않고 애쓰는 모습을 보노라면 눈물겹다. 같은 도반이지만 존경심이 우러나고 숙연해지는 수좌의 표상이다. 스님은 얼마 전까지 태안사에 사시다가 지금 공주 학림사 선원에서 대원스님을 모시고 3년 결사하고 있다고 듣고 있다.

원중스님, 부디 확철대오하셔서 한국불교와 간화선을 지켜 주십시오.

지리산 수호신

청계암 종걸스님

지난 겨울 화엄사 동안거 중 설날을 맞아 청계암에 계시는 구참 납자 종걸스님에게 세배를 갔다. 스님은 전북 정읍에서 중학교를 마치고 일찍이 화엄사에 발심출가하여 오랫동안 제방 선원에서 명성을 날렸던 운수납자다. 좌복에서의 끈기와 지구력이 대단하고 도반, 선후배 관계가 원만한 의리의 사나이다.

한때 곡성 태안사 선원을 맡아 대중을 외호하다가 화엄사 주지로 온 다음 선원을 수호하는데 힘을 쏟으셨다. 지금의 화엄사 선등선원은 종걸스님의 원력으로 만들어진 작품이다. 지리산의 웅장한 산세처럼 선원의 기운이 좋고 여타 수행시설이 전국 선원에서 제일이라는 생각이 든다. 한 수행자의 신심과 원력이 이렇게 멋진 선원을 만들었구나 싶어 늘 고맙고 미안하다.

선원을 짓고 대중을 시봉한다는 것은 결코 쉬운 일이 아니다. 우선 이 공부에 대한 확신과 대중을 위하는 자비심이 있어야 한다. 종걸스님은 오랫동안 제방에 몸을 던져 화두일구에 매달렸고 수좌들에 대한 애정과 보살심이 출중했기에 선등선원을 만들 수 있었다.

요즘 선원이 예전같은 낭만과 기상은 많이 사라졌지만 대다수 후배스님들은 바른 안목으로 신심과 원력을 가지고 열심히 수행하는 것 같다. 나도 종걸스님처럼 납자들을 잘 시봉하고 살아야겠다.

명주사의 소나무

지혜스님

언젠가 강원도 양양에 있는 소나무 향기 그윽한 명주사에 지인들과 함께 해제 인사를 갔다. 반갑게 맞아주는 지혜스님의 화실에서 오랜만에 차도 마시고 스님의 그림과 시, 글씨, 법문을 들었다. 화색도 예전보다 좋아졌고 건강도 많이 회복된 것 같다.

죽전 지혜스님과의 인연은 오래고 특별하다. 서로 만나면 즐겁고 마음이 편하다. 스님의 그림, 글씨, 시를 보고 법문을 듣다보면 선사요, 화가요, 시인이요, 그리 천진한 도인이다.

스님은 사심이 없어 항상 주변에 승속을 막론하고 많은 사람들이 모인다. 밥도 사고 차비도 주고 정성스럽게 그린 그림도 흔연하게 보시하고 그것으로 그냥 좋아하신다. 밥도 고기도 먹지 않고 오직 곡차만 잡수시면서도 얼굴은 맑고 눈에는 맑은 향기가 피어난다. 항상 만나면 선법문을 하시는데 특히 참선하는 수좌들을 좋아하여 흔연하게 차비도 꼭 챙긴다.

자유인처럼 살아가는 스님을 보고 있노라면 한 마리의 슬픈

사슴 같고 고독한 수행자의 모습이다. 그러면서도 내적으로는 따뜻하고 정이 넘치는 멋진 스님이다. 스님과의 헤어짐이 서운했지만 건강한 모습 뵙고 나니 안심이 된다. 지혜스님은 내 가슴 속에 살아있는 영원한 형님이다.

영국신사

지수스님

지수스님을 그리워했는데 오랜만에 통화를 했다. 지수스님은 38년 전 봉암사 100일 용맹정진 도반이다. 그 이후 인연이 끊어지지 않고 연락이 되었는데 요 근년에 무소식이다가 다시 이어졌다.

지수스님은 지성과 멋, 낭만, 인간미를 두루 갖춘 멋진 수좌다. 스님을 생각하면 일단 신심이 난다. 언젠가 대흥사 관음암에 들렀는데 한적한 토굴 안에서 혼자 좌복에 앉아 애쓰는 모습이 지금도 선하다. 그때 스님은 나에게 "지범스님, 오늘 시계 방울이 어떻게 되지?" 하고 멋진 활구를 주기도 했다.

이후 스님이 서울 길상사에 머물 때 만났는데 언제 보아도 훤칠한 수행자의 모습이었다. 이후 상원사, 백담사 무문관에서 정진하다가 지금은 영국에서 수행과 포교를 하고 계신다. 인연 있는 분은 복이 많구나 하는 생각이 든다.

지난 가을 지수스님이 잠깐 서울에 들어왔다는 연락이 와서 모든 걸 팽개치고 인사동에 나가 만났다. 오랜만에 만났는데 건강도 여전히 좋고 수행자다운 향기가 피어났다. 된장비빔밥으로 저녁을 먹으면서 많은 이야기를 나누었다.

통도사 결제 들어오느라 이별도 제대로 못했는데 얼마전 스님으로부터 대중공양비가 온 것을 보고 놀랐다. 외국에서 포교하려면 돈이 많이 필요할 텐데 고맙고 왠지 마음이 무겁다.

스님, 영국에서 봄소식 전해주세요.

설법 제일

대감사 설우스님

몇년 전 불교티비를 보다가 우연히 설우스님의 '육조단경' 강의를 듣게 되었다. 스님의 강의 내용에 공감이 가고 실참실구에서 나오는 법문이 가슴에 와 닿았다. 대구 삼영출판사에 연락해서 강의 테이프를 구해 '선요'와 '육조단경' 강의를 여러 번 들었다.

설우스님의 강의는 굉장히 체계적이고 울림이 있다. 보살행을 강조하는 법문 가운데 책 너머 있는 스님의 혜안과 안목을 볼 수 있었다. 지금은 선원을 떠나 대중법문을 하고 계시지만 스님은 여전히 화두를 놓지 않고 사는 수행자구나 하는 생각이 들었다.

스님과의 인연은 82년도 하안거를 해인사 선열당에서 함께 했다. 얼핏 첫인상이 눈매는 날카로운데 성품은 자비롭고 푸근했다. 그 때도 스님은 좌복을 떠나지 않고 늘 화두참구에 힘을 쏟았다. 장경각에 가서 혼자 포행하면서 애쓰는 모습이 35년이 지난 지금도 눈에 선하다.

뿐만 아니라 스님은 후학들에게 가감없는 바른 소리를 하는 선배였다. 대중공사가 있으면 논리와 이치에 맞게 대중을 설득하고 화합을 이끌어내어 후배들로부터 존경받았다. 언젠가 기본선원 출신 스님들을 만난 자리에서 "법사스님들 중 어떤 분의 법문이 좋으냐?"고 물어본 적이 있다. 그때 이구동성으로 설우스님의 강의가 가슴에 와 닿는다고들 했다.

근년에 스님을 만난 적은 없지만 스님은 한동안 법회와 강의로 부단히 바쁘셨다고 들었다. 이제 청도에 맑은 도량을 짓고 법회와 강의를 다시 시작하셨다고 하니 반갑고 꼭 한번 찾아가 뵙고 싶다.

언제나 그 자리

도정스님

어제 오후 통도사 보궁 참배를 한 후 대광명전 앞을 지나가는데 한 노스님이 뒷방으로 들어가고 계셨다. 언젠가 함께 살았던 스님 같아서 "학오스님이십니까?" 하고 여쭸더니 "맞습니다." 하며 반갑게 웃어주신다.

학오스님은 도정스님의 옛 이름이다. 방에 들어가 인사를 드리고 그간의 이야기를 들었다. 도정스님은 해인사 선원에서 30년 넘게 공부하다가 이곳 통도사로 왔다. 보광전에서 정진하다가 지금은 뒷방으로 물러나 조용하게 지내고 있다고 한다.

스님과의 인연은 80년대 해인사 선원에서 만나 선열당, 퇴설당, 소림선원에서 용맹정진과 가행정진을 함께 한 구참 수좌다. 해인사 선원에서 지낼 때 나는 차분하지 못하고 좀 설쳤다. 어느 날 스님께서 조용히 불러 출가동기와 살아온 이야기를 하시면서 오직 화두일구에 몸을 던질 것을 간곡히 당부하셨다. 눈물이 났고 부끄러워 잠을 이루지 못했다. 그 때부터 스님을 존경하고 따랐다.

해인사 선원에서 헤어진 후 간간히 스님 소식을 들었는데 이렇게 40여 년 만에 만나니 감회가 컸다. 스님은 지금 세속나이 80이 넘어 뒷방에 이름 없는 수좌로 묻혀 계시지만 화두일구로 한평생 살아온 대선사이다.

요즘도 공양간이나 법당에서 마주치면 저절로 고개가 숙여진다. 한평생 좌복에 살다 시자도 없고 화장실도 없는 방을 쓰면서 꿋꿋하게 살아가는 도정스님의 모습이 예사롭지 않았다. 이것이 미래의 또 다른 나의 모습 같기도 하다. 아직은 건강이 괜찮아 공양간에 직접 오실 수 있어서 안심이 된다. 그렇지만 왠지 쓸쓸하고 허전한 마음은 어쩔 수 없다.

가버린 선사

종표스님

종표스님은 내가 출가해서 처음 선원에 갔을 때 만난 첫 번째 인연의 수행자다. 월명암 선원에 기대 반 두려움 반으로 갔을 때 정말 반갑게 나를 안내해 준 스님이다.

스님은 첫 인상이 단단하고 부지런하고 영특하게 보였다. 이후 간간이 선원 혹은 지리산 부근에서 조우했는데 공부 이외에도 차, 탁구 등 여러 면에서 소질이 뛰어났다.

종표스님은 선원 생활을 15년 정도 하다가 덕민스님을 만나서 글을 보기 시작했다고 한다. 늦게 학문에 심취해서 상당한 경지까지 올라 화엄사 중강을 하셨다. 오랜 기간 뵙지 못했는데 이제 중생교화 시점에서 작년 가을 폐암에 걸려 고생하시다가 입적하셨다. 준비된 사람도 인연이 없으면 교화할 수 없다는 것을 실감했다. 수행자는 수행 그 자체가 포교다.

언젠가 스님이 화엄사 재무소임을 보고 있을 때 화엄사에 들렀더니 맛있는 공양도 사주고 대중공양에 보태라고 봉투를 주셨다. 이후 인연이 끊어지고 각자 살다가 스님은 눈보라 따라 어디론가 사라지고 나는 이렇게 상여를 메고 화장터로 올라가고 있으니 스님, 종표스님, 지금 어디 계십니까. 스님을 좋아하고 따르던 대중들이 기다리고 있습니다. 빨리 사바세계에 돌아오셔서 부처님의 바른 정법을 펼쳐주십시오.

대중시봉 제일

보경사 철산스님

철산스님은 선객 시봉과 외호를 정말 좋아하는 스님이다. 그러면서 큰방 생활과 좌복을 떠나지 않고 공부하는 보살 중의 보살이다. 스님은 일찍이 대승사 선원에 소임을 맡아 오랫동안 용맹정진 도량으로 이름을 높였고 이후 태백산 각화사를 맡아 3년 결사를 회향했다. 이어 대승사에서 도량 불사와 대중외호를 여법하게 마쳐 사부대중의 칭송을 듣고 있다. 지금 스님은 포항 보경사에 선원을 개원하여 구참 납자들을 잘 시봉하고 있다고 들었다.

스님은 언제나 말이 없고 밝은 미소와 행동으로 모든 것을 보여주신다. 오래 전부터의 인연으로 10여 년 전 대승사 총지암을 흔연히 내주어 함께 지냈는데 그 때 스님이 대중 외호하는 모습을 직접 보니 감동스러웠다. 어려운 살림 속에서 내색하지 않고 대중시봉 하는 것을 보고 "사중 살림이 어려운데 어떻게 운영하느냐?"고 물었다. 스님은 "살림은 늘 어렵지만 대중스님 시봉하는 재미가 있다."고 하면서 미소를 지어보였다.

철산스님은 생각이 깊고 누구에게나 나눠주기를 좋아하는 스님이다. 선원에도 한결같이 보시하고, 인정도 인덕도 의리도 많아 항상 주변에 사람이 모인다. 인연 있는 신도나 스님이 찾아오면 차, 도자기, 경옥고 등을 무주상으로 건네주고 못내 아쉬워하는 스님은 아무래도 포대화상의 화신이 아닌가 싶다.

동진출가

용주사 신룡스님

신룡스님은 이 시대에 만나기 어려운 스님이다. 10대에 출가하여 바로 선원에 왔다. 얼마 전까지 백담사 무문관 선원장을 맡아 10년 동안 오현스님을 보좌하면서 대중을 시봉했다. 백담사 무문관은 신룡스님의 신심과 원력이 근간이 되어 많은 수좌들이 가고 싶은 명품 선원이 되었다는 생각이 든다.

스님과의 인연은 깊고도 깊다. 1981년 봉암사 100일 용맹정진을 함께 했는데 세속 나이가 비슷해 남다른 정이 있었다. 당시 봉암사에 살던 시절은 젊고 혈기가 넘쳐 무용담이 많은데 지금 생각하면 멋쩍은 추억이다. 20대의 나는 혈기가 넘쳐 도전적이고 공격적인 면이 많았던 것 같다. 반면 신룡스님은 차분하고 선했다. 서로 많이 달랐지만 그래서 인연이 맞아 어울렸던 그 시절이 그립다.

이후 1995년 하안거 때 봉암사에서 스님을 다시 만났다. 스님이 죽비를 잡고 대중을 외호하였고 대진스님도 함께 공부했다. 세월이 흘러 백담사 무문관을 두드리니 스님이 흔연히 반겨주었다. 좋은 도반들이 있었기에 춥고 눈보라치는 그 곳에서 나 자신을 많이 내려놓고 온 것 같다.

이번 보광선원 결제 중에 문수원에 들렀다가 신룡스님이 사는 토굴에 가서 스님을 만났다. 반갑고 미안했다. 차담을 함께 나누고 헤어지는데 조금은 쓸쓸했다. 스님과 인연도 40년 가까이 되어가고 있다. 20대 동안의 청년들이 60이 넘어가고 있으니. 인생무상, 세월 무상은 어쩔 수 없나 보다.

의리의 사나이

함현스님

함현스님의 옛 이름은 현정이다. 스님은 언제 어디서나 소임을 맡으면 공심으로 대중을 외호하고 불사를 다해 놓고는 미련없이 바람처럼 사라져버리는 의리의 선사요 수행자다.

20여 년 전 지리산 서진암에 살 때도 그 높고 험한 곳에 손수 지게를 지고 불사를 완벽하게 해놓고 바람처럼 사라졌다. 가는 곳마다 최선을 다해 사는 모습은 신심과 공심 그리고 원력이 아니면 할 수 없는 일이다. 그러면서도 선후배 사랑이 남달라 어렵고 힘든 수좌들을 소리 없이 거두고 늘 겸손하게 산다.

10여 년 전에는 봉암사 주지를 맡아 재임 중 크고 작은 불사를 마무리했다. 종립선원이라는 막중한 수행도량의 소임을 맡아 여법하게 대중을 외호하는 모습을 큰방에 살면서 지켜보니 정말 신심 깊고 공심 있는 수행자라는 생각이 들었다.

봉암사에서도 항상 대중스님들과 소통하면서 대화를 나누었고 어려운 노스님과 도반을 챙기고 거두었다. 전 대중이 주지 재임을 원했지만 건강상의 이유로 미련없이 떠나는 모습이 지금도 생생하다.

그래서 스님 주변에는 따르는 선후배 도반이 많다. 인연 있는 불자들도 한 번 스님과 인연이 되면 끝까지 따르는 것 같다. 들리는 얘기로 얼마 전 미국에 포교당도 개원하고 도반들을 초청하여 좋은 시간을 보냈다고 한다. 아무튼 좋은 소식이다.

지난 가을 함현스님의 은사이신 이두 큰스님이 열반했다는 소식을 들었다. 하지만 미안하게도 소식을 듣고도 문상을 가지 못했다. 나는 언제부턴가 종단 내지 주변의 대소사에 참여하지 않고 있다. 왜냐하면 다녀오면 무언가 허전하고 공부에 도움이 되지 않기 때문이다. 이 벽을 넘어야 하는데 하면서도 아직까지도 넘지 못하고 있다. 지금으로서는 어쩔 수 없다.

함현스님 미안해요. 해제하면 연락해서 지리산 토굴에 달려가겠습니다.

지계제일

수도암 원인스님

1979년 범어사에서 계를 받고 우화 노스님이 오랫동안 수좌들을 제접하고 외호했던 나주 다보사에서 살 때 광주민주화운동이 벌어졌다. 초파일 전에 광주에 시장을 보러 가서 사태가 심각함을 느끼면서 초파일을 맞이했다.

그 해 가을 다보사에 객스님으로 오신 현산스님이 변산 월명암에 가면 월인스님이라는 선지식이 계신다며 선방에 갈 것을 권유했다. 그 때 많은 생각을 했다. '경을 보고 선을 할 것인가, 아니면 오로지 선사가 될 것인가'

결국은 선원에 가서 한번 해보자 하면서 걸망을 메고 내소사를 거쳐 월명암에 도착했다. 먼저 와 있던 종표스님, 원인스님, 명문스님, 철호스님 등이 반갑게 맞이해주었다. 종표스님의 안내로 월인스님께 인사를 드리는데 뭔가 범상치 않고 도인 같은 생각이 들었다.

대중들 가운데 특히 해맑고 영리하게 생긴 스님이 눈에 띄었다. 바로 원인스님이다. 대중공사가 벌어지면 가장 논리정연하고 분명하게 대중의 공감을 이끌어 참 똑똑하다는 생각이 들었다.

언젠가 둘이서 포행하는데 원인스님이 본인 이야기를 들려주었다. 고향이 봉화이고 14살에 해인강원에 들어가 18살에 졸업하고 1년 동안 열반경을 보면서 문리가 났다고 했다. 이어서 스님이 아는 바대로 중노릇하는 법과 참선이야기를 성심껏 해주었다. 그때 스님 나이가 24~25세 정도로 보였는데 어쩌면 저 나이에 저렇게 될 수 있을까 감탄하고 놀랐다.

출가 후 처음 맞이하는 선원생활은 참 힘들고 몸도 아팠다. 다리가 너무 아프고 잠이 부족하여 늘 혼침 속에 살았다. 때로 변산에 가서 쌀을 지고 와야 했고, 결제 중에 땔감이 부족하면 눈 속의 감나무를 베어 화목으로 쓰면서 월인노사의 경책을 받는 일이 쉽지 않았다. 그런 고투 중에도 원인스님과 종표스님, 명문스님, 철호스님, 원요스님, 입승인 현산스님 덕분으로 여법하게 지낼 수 있었기에 지금도 감사하다.

영원한 산사람

봉선사 철안스님

철안스님은 1983년도 겨울 해인사에서 만나 성철스님 법문을 들으면서 함께 지냈다. 그 때 해인사 선원장은 적명스님이었다. 스님은 일찍이 산을 사랑하고 수좌를 좋아하여 도봉산 밑 봉영사에서 소임을 볼 때도 항상 객스님이 끊이지 않고 대중외호를 잘 했다. 이후 봉선사 주지를 내놓고 봉암사에서 몇 철을 살다가 거처를 대승사로 옮기고 10년 동안 꼼짝도 하지 않고 대승사 선원을 지킨 멋진 수좌이다.

몇 년 전 대승사 총지암에서 살 때 우리는 큰방 생활을 함께 했다. 그 때 묘적암에는 영진스님, 큰방에는 수웅스님 등 좋은 도반들이 있어서 서로 탁마하면서 알찬 겨울을 보냈다.

철안스님은 인정이 많고 의리가 있어 남모르게 좋은 일을 많이 하는 걸로 안다. 대중처소에도 함께 지낸 적이 있었지만 총지암 암자에서 함께 살다보니 스님을 가까이서 볼 수 있었다. 늘 화두를 놓지 않고 좌복을 지키며 시간관념이 철저하였고 거의 뜬 눈으로 좌복을 지키는 것을 보면서 존경심이 더 깊어졌다.

일찍이 본사 주지를 역임했으면서도 하심과 신심으로 정진하는 모습은 남다르고 깊이가 있었다. 사중에 무슨 일이 있으면 항상 솔선수범하고 대중화합에 앞장섰던 스님은 어디에서도 당당한 주인으로 살았다. 오늘도 등산화를 신고 눈 덮인 용문산을 올라가는 철안스님을 그려본다.

오대산 문수보살

상원사 정념스님

90년대 중반으로 기억된다. 그 때 상원사 주지는 대중시봉 잘 하기로 소문난 정념스님이었다. 어렵사리 방부를 들였는데 허리가 아프기 시작해 좌복에 앉아 있기가 여간 힘들지 않았다. 아무리 살기 원해도 도량이 밀어내면 어쩔 수 없는 일. 대중 속에 살면서 대중에 보탬이 되지 않으니 떠날 수밖에 없었다.

무등스님께 짐을 부탁하고 정진 시간에 택시를 불러 오대산을 내려오는데 부끄럽고 창피해서 소리없이 울었다. 진부에 숙소를 잡고 쉬면서 몸을 추스르는데 거짓말처럼 허리가 아프지 않고 몸이 가벼웠다. 그래도 다시 상원사로 갈 수 없어 할 수없이 부산 화엄사에서 해제를 맞이했다. 지금도 상원사를 생각하면 정념스님께 미안하고 송구스럽다.

이후 정념스님은 월정사 주지로 부임해서 월정사 선원을 개원, 대중과 함께 정진하면서 대중외호를 잘 한다고 듣고 있다. 곧 북대 선원도 다시 확장 개원해서 방부를 받는다고 하니 반갑다. 상원사 선원, 월정사 선원은 수용도 좋지만 공부 분위기가 좋아서 수좌들이 선호하는 선원이다. 특히 월정사 선원은 구참 선사들이 많고 정진열기가 대단하다고 듣고 있다. 정념 스님의 신심과 원력이 문수보살의 성지 오대산을 수행열기 가득한 곳으로 만든 것 같다.

당시 상원사에서 주지소임을 보면서도 늘 좌복에서 애쓰던 스님이 떠오른다. 이처럼 훌륭한 선원을 열고 외호하는 일을 척척 해내는 것을 보면 문수보살의 화신이 아닌가 생각된다.

전생 도반

수덕사 법웅스님

오늘 아침 오랜만에 수덕사 전월암에 사는 법웅스님이 찾아왔다. 우리는 일찍 만나 함께 한 시간들이 30년도 훨씬 넘는다. 고운사, 마곡사, 봉암사, 태안사 등 여러 철을 함께 살아 주위의 도반들은 전생에 만났던 도반이라고 한다.

법웅스님은 어디에서나 솔선수범해서 소임을 보고 보살심이 깊어 대중의 궂은일을 도맡아하곤 한다. 특히 봉암사 선원에서 오랫동안 입승 소임을 보면서 후학들을 이끌었고 지대방에서 들려주는 스님의 소참법문은 많은 대중들을 웃기고 울렸다.

특히 스님은 25년 전부터 해제가 되면 중앙아시아의 키리키스스탄으로 날아가 한국불교를 알리고 현지인들에게 많은 도움을 주고 있다. 어떻게 보면 스님의 키리키스스탄 사랑은 무모할 정도로 눈물겹다. 한 번도 도와드리지 못해 죄송하고 미안하다.

지난 가을 오랜만에 보문사에 찾아와 지난 이야기를 주거니

받거니 했다. 집도 절도 없이 큰 걸망 하나 메고 다녔던 그 시절이 생각나 감회가 새로웠다.

법웅스님은 의리의 수좌다. 아픈 도반이나 어렵게 사는 스님이 있으면 그냥 지나치지 않고 주머니를 털어서 돕거나 화주를 해서 돕는 보살이다. 언변이 뛰어나고 정이 깊어 한번 인연이 되면 확실히 챙기는 발이 넓은 스님이다. 오랫동안 제방에서 소임을 보면서 꼭 회향을 하는 것을 보면 끈기와 순발력이 뛰어난 선근 있는 수좌라는 생각이 든다.

해제하면 다시 만나 옛이야기도 나누고 그간 무심했던 것을 사과하고 싶다. 지금도 법웅스님은 덕숭산 전월암 토굴에서 여법하게 정진하고 있을 것이다.

다재다능 수좌

묘관음사 서강스님

서강스님과의 인연은 깊다. 80년대 초 봉암사에서 만나 같이 정진했고 이후 부산 화엄사 심우스님 토굴에서 만나 근 10년간 해제 때면 만나 동고동락한 도반이다. 지금은 부산 묘관음사 선원을 맡아 잘 운영하고 있다고 듣고 있다.

봉암사 시절 우리는 너무 젊어 열정은 있었으나 서로 지기를 싫어해 때로 도반끼리 냉전이 벌어졌다. 그럴 때면 항상 서강스님이 자비와 화합으로 불편한 대중 분위기를 일시에 반전시키곤 했다.

반면 부산 화엄사 토굴은 언제나 대중이 붐비고 신나는 일이 많았다. 역시 뒷처리는 심우스님과 서강스님이 도맡아 했다. 서강스님 주변에는 멋진 스님들이 모였는데 스님은 그 많은 주변 인연을 하나도 놓치지 않고 다 보살폈다. 거기에다 불의에 물러나지 않고 정의와 열정으로 맞선 일화가 너무 많아 나열하기 어렵다.

서강스님은 공부에 있어서도 경과 어록에 조예가 깊을 뿐만 아니라 서예, 차, 염불 등 어떤 것에도 막힘이 없는 석학이요 선사다. 그동안 묘관음사 선원을 여법하게 하다가 선방불사 관계로 몇 철을 쉬고 있다고 들었다. 묘관음사처럼 어려운 절에서 선원을 운영한다는 것은 쉬운 일이 아닌데 선방불사도 하고 대중 외호를 잘 하는 것을 보노라면 스님의 신심과 원력 그리고 수행력이 아닌가 하는 생각이 든다.

스님, 청안하십시오.

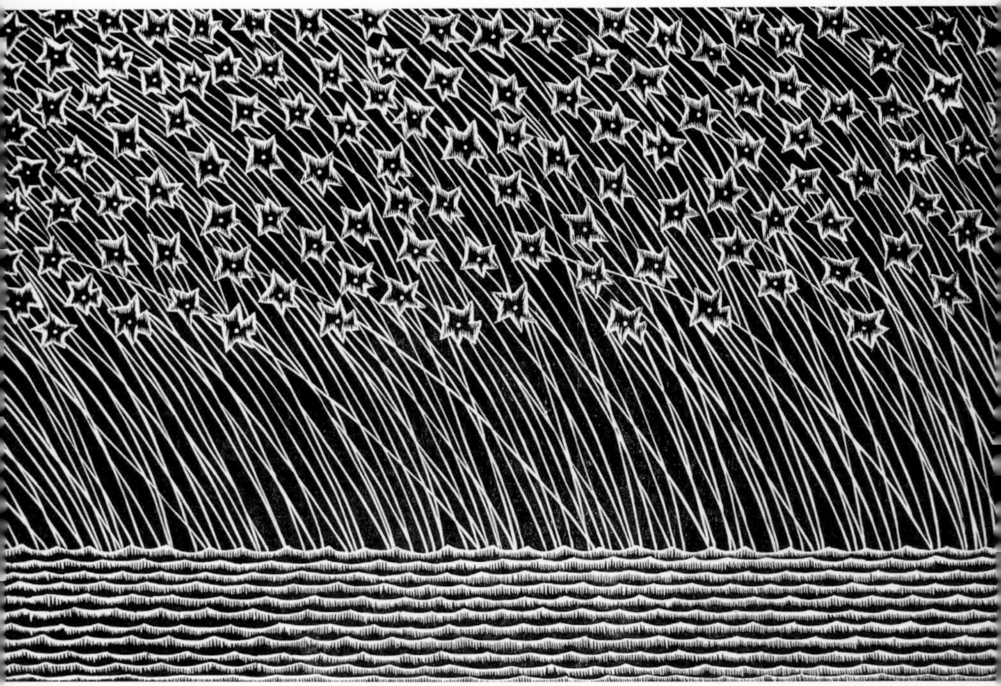

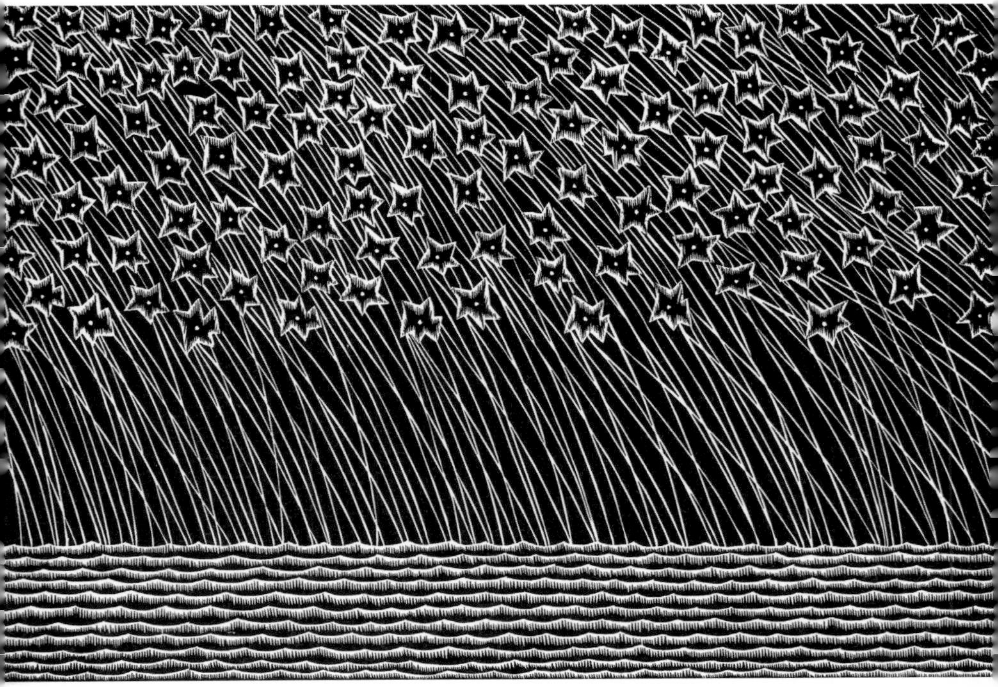

청산이 다가오네

마음은 경계 따라 흘러가고

흐르는 곳마다 꽃향기 그윽하네

흐름 따라 한 생각 쉬어지면

흰 구름 벗어나서 청산이 다가오네

효심충만

수웅스님

수웅스님은 해제하면 서울에서 제일 자주 만나는 스님이다. 스님은 서울에서 태어나 대학을 졸업하자마자 불심이 깊은 어머니와 먼저 출가한 누님의 영향으로 발심출가했다.

스님은 해인사 강당에서 경을 보다가 일본으로 건너가 동경대학에서 박사학위를 수료하고 무상발심이 되어 서옹스님을 찾아갔다. 선원에 첫 발을 들인 이후 20여 년 동안 해제결제 없이 선방에서 화두일념으로 살다가 지금은 노모를 봉양하면서 토굴에서 애써 정진하고 있다.

수웅스님은 머리가 명석하고 기억력이 좋아 늘 법담을 주도하곤 한다. 어릴 때부터 전강노사의 법문을 듣고 자라 화두공부에 대한 믿음이 철저하고 분명하다. 근년에 백담사 무문관에서 여러 철을 나면서 공부에 열정을 다했고 지금은 연로하신 노모의 공양과 삶을 챙기면서 공부하는 것을 보노라면 존경심이 일어난다. 나는 별 공부도 못하면서 출가 이래 단 한번 어머니를 뵙고 만나주지도 않고 살아 후회가 막급하다.

수웅스님은 집안에 출가스님들이 많다. 큰누님이 산청 대원사로 발심 출가하여 지금은 대원사 주지를 맡고 있는 묘명스님이고, 조카도 몇 년 전에 출가하여 동국대학교에 다니고 있다. 속가인연으로 보면 남매지간이지만 묘명스님과 스님이 서로 수행자로서 탁마하며 지내는 것을 보면 참 보기 좋다. 묘명스님은 수웅스님이 선방에 있을 때면 늘 대중공양을 보내고 살뜰히 살폈다. 수웅스님 모친이 각별히 불심이 깊고 스님들을 존경해서 집안에 출가자가 많이 나오는 것 같다. 모친은 90이 다 된 노구에도 매일 금강경을 독경하고 참선을 하면서 보내고 있다고 한다.

수웅스님, 어머님 간병 잘 마무리하고 선원에서 다시 만납시다.

신심 제일

호성스님

내가 호성스님을 처음 만난 곳은 통도사 보광전이다. 스님은 고운사에서 스님이 되어 처음 제방에 나와서인지 순수하고 신심이 깊었다. 늘 공부를 놓지 않고 시간만 나면 불전에서 절을 하면서 보살행을 했다. 고운사에서 천일기도를 회향하고 온 후여서인지 매사 절도가 있고 선풍이 몸에 배여 있었다. 대중공사가 있으면 차분하게 대중화합에 꼭 필요한 말만 하면서 입을 무겁게 닫았다.

어느 해인가 칠불사 선원에 있을 때 호성스님한테 방부 연락이 와서 반갑게 맞이했다. 그 해 겨울을 함께 하면서 정말 신심을 내면서 살았다. 밤늦게 방선하고 법당에 가서 절을 하고 다시 선방에 들어오면 스님은 몸이 불편해도 좌복을 떠나지 않고 앉아 있었다. 우리는 삭발 목욕일에도 늘 절하면서 신심 있게 살았다.

봄이 되어 나는 떠났지만 스님은 칠불사 선원에서 3년 결사를 회향했다. 그 후 각자 선원에서 살다가 내가 보문사에서 주지를 맡아 해제철 두 철을 함께 지냈다.

호성스님은 늘 신심이 깊었고 자비가 넘쳐 사부대중이 좋아했다. 이후 스님은 고운사 주지를 맡아 어렵고 힘든 절을 여법한 수행 도량으로 만들었다고 듣고 있다.

지난 가을 울진에 갔다가 오면서 불현듯 스님 생각이 나서 고운사에 들렀다. 소나무 향기는 여전했고 온 도량이 불사로 많은 변화가 있었다. 1989년 100일 용맹정진 했던 도량이라 유달리 감회가 깊고 애정이 갔다. 법당 참배를 하고 선원에 가니 대중이 없어서 조금은 쓸쓸했다.

고운사를 내려오는데 단풍이 아름답게 물들어 있었다. 하지만 예전에 몸을 던져 함께 용맹정진 했던 스님들을 머릿속으로 그려보니 석봉스님은 이미 세상을 떠났고 다른 스님들도 늙어가는 모습이라 무상하다.

호성스님, 고생이 많네요. 진달래꽃 피는 봄날에 다시 오겠습니다.

일종식 장좌불와

정혜사 금산스님

덕숭총림 정혜사 능인선원은 요즘 제방에서 가장 인기 있는 선원 중 한 곳이다. 도량도 맑고 정진 분위기가 좋아 많은 선객들이 공부하고 싶어 한다. 방장이신 설정스님의 덕화와 유나 현전스님의 수행력 그리고 선원장 금산스님의 치열한 수행과 신심의 결과가 아닌가 하는 생각이 든다.

내가 금산스님을 처음 만난 곳은 1990년 중반 통도사 보광전 선원이다. 눈에 띠는 스님이 한 분 계셨는데 키가 크고 얼굴이 희고 맑으며 눈에서는 선하면서 영롱한 빛이 나오고 있었다. 얼른 봐도 공부에 무척 애를 쓰고 사는 스님의 모습이 느껴졌다.

결제가 시작되면서 금산스님과 같이 공부하면서 지켜보니 스님의 수행이 얼마나 처절한지 알 수 있었다. 마침 선방에 좌차가 내 옆이어서 스님을 가까이 볼 수 있었는데 스님은 늘 일종식에 장좌불와를 하셨고 거기에다 율사였다.

저녁 9시 방선 후 대중스님들은 잠자리에 드는데 오직 스님

만이 좌복에 앉아 애쓰는 모습이 감동스러웠다. 들어보니 그러한 정진을 한두 해 해온 것이 아니고 30년 넘게 이어지고 있다고 한다. 그 신심과 원력은 감히 헤아릴 수 없다.

이후 스님과는 오대산 상원사 선원에서 다시 만났다. 스님은 그때도 예전처럼 여전히 장좌불와와 일종식을 하셨는데 밤새 좌복을 지키는 모습이 예전보다는 많이 편해 보였고 건강도 좋아진 느낌을 받았다.

항상 맑은 차를 좋아하고 요가를 즐기며 대중을 위해 보시하는 금산스님과 같은 큰 수행자가 있어 한국 불교의 미래는 밝다.

보살의 화신

태백산 범현스님

86년 여름 발길 닿는 대로 6개월 여 만행을 했다. 옷 한 벌만 챙겨 전국 각지 어느 곳이든 스님과 수행자를 찾아다녔다. 옷을 갈아 입지 못해 몸에서는 냄새가 나기 시작했고 몰골은 상하다 못해 추레해졌다.

만행이 끝나가는 시점에 태백산 각화사에 들렀다. 하루를 쉬어가고자 청하니 키가 크고 얼굴이 환한 미남형의 스님이 나를 맞았다. 스님은 미소를 머금은 채 대뜸 "스님 여기서 같이 삽시다." 했다. 대개는 결제 중이라 쫓겨나기 일쑤인데 스님은 만행 중인 나를 붙잡고 대중들과 함께 살자고 권했다. 밤새 고민했다. '살 것인가….'

아침 예불을 드리니 부처님이 미소를 짓고 계셨다. 나는 만행을 멈추고 뒷방을 하나 얻어 정진과 등산으로 철을 보냈다. 각화사에서는 방선 시간에 대중스님들과 차담도 하며 대화를 많이 나눴다. 서암에는 고우스님이 계시고, 동암에는 원담스님이 정진하고 계셨다. 큰절에는 범현, 지안, 황산스님들과 좋은 시간을 보냈다.

범현스님은 특히 기도를 열심히 했고 여러모로 내게 신경을 많이 써주었다. 그 인연으로 30년이 넘는 세월이 지난 지금도 좋은 도반으로 탁마하고 있다. 어제는 스님이 제주도에서 귤을 대중공양으로 보내와 강원, 율원, 후원이 공양을 넉넉히 했다. 스님에게 해준 것도 없는데 늘 신세를 지고 산다.

바람처럼 구름처럼

허허당스님

내가 허허당 스님을 처음 만난 곳은 지리산 안국사다. 스님은 절의 조그만 골방에서 그림을 그리고 있었다. 어쩐지 처량하고 서글픈 눈동자가 아주 맑았다. 그 이후로 자주 만나면서 텅 빈 허허당의 새로운 모습을 보곤 했다. 맑고 섬세하면서도 무척이나 자유분방한 수행자였다.

언젠가 내가 기기암에 살 때 이웃 토굴에 살았는데 갑자기 스님 토굴에 불이 났다. 그 때 초연하게 떠나던 모습이 아직도 생생하다. 허허당을 보노라면 늘 생사를 초월한 수행자의 모습이 떠오른다.

그 동안 스님은 전시회도 여러 차례 했고 글과 그림이 세상에 알려져 좋은 인연들이 많이 생겼다. 그럼에도 오랜만에 스님을 만나 얘기 나누다보면 여전히 순수한 옛 모습과 맑은 눈동자를 간직하고 있어 반갑다.

얼마 전 저녁 무렵 통도사 보광선원에 귀한 그림 한 점을 들고 오셨다. 유나스님 방에서 몇몇 스님들과 차를 나누면서 당신의 그림세계를 자연스러운 입담으로 설명하곤 어둠 속으로 사라졌다. 스님은 정말 많이 비어 있고 바람같은 선사다. 그래서 나이가 들수록 멋진 그림이 나오는 것 같다.

정릉골 보현보살

경국사 해운스님

해운스님과는 일찍이 80년대 초 해인사에서 만났다. 서로 인연이 깊어 항상 근황을 알고 지내는 스님이다.

해운스님은 일본 유학을 다녀온 후 동화사 금당선원에 방부를 들여 공부했다. 그 때 우리는 12시간 가행정진을 함께 하면서 서로 탁마하며 신심나게 살았다. 새벽에는 진제 조실스님이 정진에 참여하셔서 소참법문과 장군죽비로 대중들을 이끌어주셨다. 오후 정진시간에는 대좌를 하면서 공부했고 하루종일 돌아가면서 죽비로 경책했다. 당시 해운스님의 공부에 대한 열정과 보살심은 대중에게 귀감이 되었다.

이후 나는 상도동 보문사로 왔고 스님은 개포동에서 해인선원을 창건하여 경전강의와 선의 대중화에 열정을 불태웠다. 가끔 만나면 옛 선사의 행장과 가풍, 선의 대중화에 대한 이야기를 나누곤 했다.

어느 날 스님은 홀연히 서울을 떠났다. 불국사 선원, 극락암 선원, 봉암사에서 화두일구로 여법하게 정진하다가 지금은 서울 경국사 주지 소임을 맡고 있다. 대불련지도법사와 ROTC 중앙자문 특임위원도 겸하며 불교 홍법과 선의 대중화에 애쓰고 있다.

스님은 학자의 길을 걸으면서도 혜암 종정스님을 시봉하며 흠모해 참선수행을 놓치 않고 살아왔다. 늘 주위를 따뜻하게 챙기는 스님을 보현보살이라 부르는 것을 봐도 스님의 넉넉한 덕화를 알 수 있다.

언제나 그 자리에 있는 수좌

신흥사 우송스님

설악산은 수려한 경관은 물론 계곡물이 맑고 빼어난 단풍과 설경으로 인해 사시사철 관광객과 등산객이 찾아든다. 좌복에서 애를 쓰는 선객들도 해제가 되면 동해안을 따라 낙산사, 신흥사로 가는 만행이 예나 지금이나 필수 코스다.

신흥사에는 향성선원이 2000년도에 개원되어 많은 수좌들이 외호를 받으며 공부하고 있다. 이면에는 인심 좋고 베풀기 좋아하는 우송스님의 덕화가 있기 때문이라는 생각이 든다.

우송스님은 일찍이 10대에 신흥사에서 출가하여 그 때부터 전국 제방을 섭수하였다. 이후 근 15년 가까이 대흥사, 망월사, 해인사, 송광사, 천은사 등에서 누더기를 땅 끝까지 걸치고 다니면서 애를 썼고 선지와 기개가 뛰어난 수좌였다. 평소에는 말이 없지만 입을 떼면 논리가 정연하고 선풍과 기상이 넘쳐 당할 자가 없다. 아무래도 어린 나이에 출가했기에 10년 이상 구참들과 어울리면서 화려한 선객 생활을 하지 않았나 하는 생각이 든다.

근년에는 10년 넘게 신흥사 주지를 맡아 대중 외호와 가람 수호, 지역사회 홍법활동에 모범이 되고 있다. 인정이 많고 인심이 좋아 전국에서 많은 객스님과 수좌들이 문전성시를 이룬다. 특히 구참 수좌와 옛 인연들을 꼭 챙기고 결제 때는 인연 있는 도반들에게 공양금을 보내곤 한다.

나는 40년 가까이 우송스님을 옆에서 보아왔다. 섬세하면서 통이 크고 말없는 가운데 큰 살림을 꾸려가는 것은 아마도 수행에서 얻은 힘일 것이다. 들리는 이야기로 20여 년 동안 단 하루도 외박하지 않고 산문을 지켰다는 사실은 놀라지 않을 수 없다. 우송스님, 앞으로도 지금처럼 설악산을 지켜주십시오.

국화꽃을 좋아한 수좌

돈수스님

돈수스님과는 84년 여름 강진 백련사에서 함께 했다. 스님은 일찍이 10대 때 출가했고 그림, 글씨, 차에 대한 조예가 깊었다. 스님이 만드는 국화차 맛은 일품이었고 그림은 상당한 수준이었는데 특히 말 그림이 힘차고 생동감 넘쳤다.

만행 중 스님이 안동 봉정암 토굴에 계신다는 얘기를 듣고 시장에서 장을 봐서 단숨에 달려간 적이 있다. 스님은 인적이 드문 곳에 생각지도 못한 후배가 오니 반갑게 맞아주셨다. 서로 살아온 얘기를 나누면서 이전 통도사 보광전에서 소임을 보며 애쓰시던 모습이 떠올라 감회가 깊었다.

몇 년 후 문경 대승사에 살 때 다시 봉정암 토굴로 찾아가 반갑게 차담을 나눴다. 스님은 재담이 있어 얘기 나누다 보면 시간 가는 줄 모른다. 뿐만 아니라 고서에도 조예가 깊어 예술인의 향취를 풍긴다. 가을이 오면 국화향기 피어나는 돈수스님 토굴로 가고 싶다.

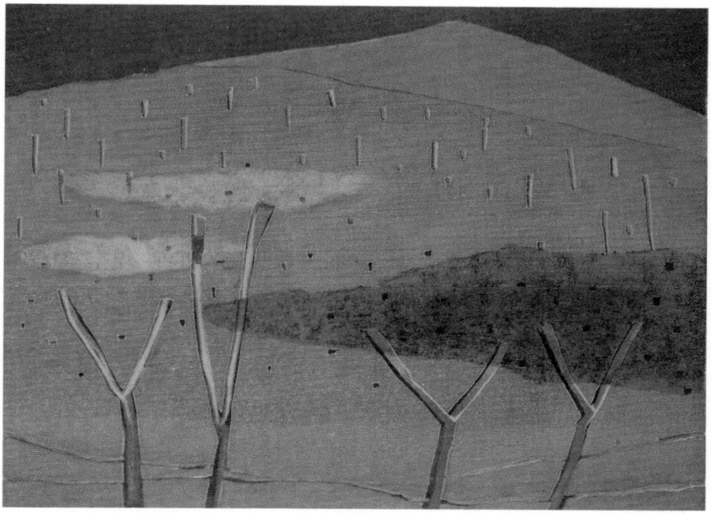

맺는 말

보광전 뜰 앞에 유달리 길고 추운 삼동을 견뎌낸 홍매화가 꽃망울을 터뜨리기 위해 몸부림치고 있는 모습이 흡사 내 모습으로 비쳐져 가슴이 아리고 아프다.

입산출가해서 선방에 나온 지 40년이 다가온다. 지난 40년을 되돌아보니 죽을 고비도 많았고, 넘어지고 쓰러지고 죽고 싶을 때도 여러 번 있었다. 그 때마다 선방에서 화두와 치열하게 싸우면서 몸을 던졌다. 그 화두가 60이 넘은 나이에도 대중 선방에서 지낼 수 있게 만들었다는 생각이 든다.

이 책 속의 글들은 지난 세월 선방에서 살았던 나의 고백서다. 여러분의 아름다운 삶에 아름다운 글로 기억되었으면 한다.

2018년 2월 2일

영축산 통도사 보광전에서 지범

그림 강행복
표지 천년의 향기를 찾아서-8127_37x33.3cm_1998
41 꽃 피고 물 흐르는-97113_45x40cm_1997
101 천년의 향기를 찾아서-8126_54x70cm_1998
127 명상-13350 Meditation
161 가을바람-9691_45x40cm_1996
197 나무와 새-9576_28x28cm_1995
134 강가에 별꽃이 피었습니다-10315_180x60cm_2010

그림 황남채
12/66 月華
70/110 동안거
112 仙洞
145 새벽 이야기
175/251 햇살

선원일기

1판 1쇄 발행 | 2018년 3월 2일
1판 5쇄 발행 | 2021년 1월 18일

지은이 | 지범

펴낸이 | 이미현
펴낸곳 | 사유수출판사
만든이 | 이미현 박숙경 유진희

주소 | 서울시 마포구 동교로1 9길 86 제네시스 503호
대표전화 | 02-336-8910

등록번호 | 2007-3-4
ISBN 979-11-85920-10-8 03220